全国高职高专财经类创新精品规划教材

Jichu Kuaiji

基础会计

崔喜元 李红梅/主 编
殷云飞 李芳雪/副主编

中国经济出版社
CHINA ECONOMIC PUBLISHING HOUSE

北 京

图书在版编目(CIP)数据

基础会计/崔喜元,李红梅主编
北京:中国经济出版社,2011.3
ISBN 978-7-5136-0422-2

Ⅰ.①基… Ⅱ.①崔…②李… Ⅲ.①会计学—高等学校:技术学校—教材 Ⅳ.①F230

中国版本图书馆 CIP 数据核字(2010)第 237081 号

责任编辑 姜 静
责任审读 霍宏涛
责任印制 张江虹
封面设计 任燕飞设计室

出版发行 中国经济出版社
印 刷 者 三河市佳星印装有限公司
经 销 者 各地新华书店
开 本 787mm×1092mm 1/16
印 张 13.5
字 数 260 千字
版 次 2011 年 3 月第 1 版
印 次 2011 年 3 月第 1 次
书 号 ISBN 978-7-5136-0422-2/G·1470
定 价 29.00 元

中国经济出版社 网址 www.economyph.com 社址 北京市西城区百万庄北街 3 号 邮编 100037
本版图书如存在印装质量问题,请与本社发行中心联系调换(联系电话:010-68319116)

前　言

《基础会计》是高职高专院校财务会计类专业的核心课程,是财经管理类各专业会计课程的基础课程。

本教材内容依据财政部2006年颁布的《企业会计准则》、《企业会计准则——应用指南》和最新财税法规编写而成,本着基于工作过程的总体思路,注重能力培养,突出应用性。

本教材在编写过程中体现以下特点:

(一)内容与时俱进

本教材依据最新的《企业会计准则》和相关的税收规定编写,紧跟《企业会计准则》体系不断发展和完善的步伐。

(二)体系系统完整

在教材内容的设置上,先介绍了基于工作内容的基础知识,再进行基于工作过程的会计核算,由理论到实践,由简单到复杂,由单项到综合。理论简明且通俗易懂,以便学生更好地理解和运用。

(三)与资格证紧密衔接

注重与会计从业资格考试紧密联系,与中级财务会计的衔接得当,体现职业成长规律。

(四)教学做一体

以任务引导学习,实施情境教学,工学结合,真正体现"学习为了工作"及"在工作中学习"的理念,着重培养学生的实际动手能力,理论和实践项目都配有技能操作训练,对教学有较强的实用性和可操作性。

本教材由保定职业技术学院崔喜元、李红梅任主编,保定职业技术学院殷云飞、保定市农业科学研究所李芳雪任副主编。本教材共分十个学习情境,每个学习情境中设有若干学习任务。编写分工如下:学习情境一由崔喜元编写,学习情境二、学习情境三由殷云飞编写,学习情境四、学习情境五、学习情境六、学习情境七、学习情境八、学习情境九、学习情境十由李红梅编写,李芳雪为实践指导。全书由崔喜元、李红梅总纂定稿。

在本教材编写过程中,我们得到保定职业技术学院经济管理系老师的大力帮助，在此表示衷心感谢！

在本教材的编写过程中，我们广泛参考了有关的会计教材、专著和论文，在此向有关作者表示感谢。

由于作者水平所限，书中不当之处在所难免，恳请各位专家、同行和广大读者批评指正。

本教材为高职高专院校会计专业、财务管理专业和经济管理专业或其他专业学生学习基础会计的入门教材，也可供从事会计岗位、财务管理和其他经济管理工作人员自学、培训之用。

编　者

2010年12月

目 录

项目一　基于工作内容的基础知识

项目二　基于工作过程的会计核算

附　录

项目一 基于工作内容的基础知识

学习情境一 理解基础会计理论点

[学习目标]

通过学习，能够陈述会计的含义、职能；理解会计核算前提、会计信息质量要求及会计计量属性；陈述会计对象、会计核算的具体内容、会计目标及会计的核算方法；了解会计的产生和发展。

任务1 认识会计

一、会计的产生和发展

（一）会计的产生

会计作为一项记录、计算和考核收支的工作，在公元前1 000年左右就出现了。最初的会计只是作为生产职能的附带部分，然后经历了古代会计、近代会计和现代会计三个发展阶段。人类要生存，社会要发展，就要进行物质资料的生产。生产活动一方面要创造物质财富，取得一定的劳动成果；另一方面要发生劳动耗费，包括人力、物力的耗费。在一切社会形态中，人们进行生产活动时，总是力求以尽可能少的劳动耗费，取得尽可能多的劳动成果，做到所得大于所费，提高经济效益。为此，就必须在不断改革生产技术的同时，采用一定方法对劳动耗费和劳动成果进行记录、计算，并加以比较和分析，这就产生了会计。可见，会计的产生与加强经济管理、追求经济效益有着不可分割的天然联系。

（二）会计的发展

会计是随着社会生产和经济管理的需要以及科学技术水平的不断进步而发展和完善的，会计的产生和发展大致经历了以下三个阶段：

1. 古代会计阶段。早在原始社会，随着社会生产力水平的提高，人们捕获的猎物及生产的谷物等便有了剩余，人们就要算计着食用或进行交换，这样就需要进行简单的记录和计算。如早期的“结绳记事”、“刻石记事”等方法就是原始社会时期的会计行为。此时，会计是生产职能的附带部分，核算多以实物为主，核算方法简单。

2. 近代会计阶段。一般认为，从单式记账法过渡到复式记账法，是近代会计的形成标志。1494 年，意大利数学家卢卡・帕乔利（Loca Pacioli）的著作《算术、几何及比例概要》一书出版，系统地介绍了复式记账法，并给予理论上的阐述。被会计界公认为会计发展史上的一个里程碑，标志着近代会计的形成。从 15 世纪到 18 世纪，会计理论与方法的发展仍然是比较缓慢的。在英国，由于生产力的迅速提高，会计迅速发展。过去，会计主要是记账和算账，现在还要编制和审查报表，还要求研究资产的估价方法和有关理论等。第一次世界大战以后，美国取代了英国的地位，无论是生产上、还是科学技术的发展上都处于遥遥领先的地位。因此，会计学的发展中心也从英国转移到美国。这一时期，会计方法已经比较完善，会计科学也已经比较成熟。

3. 现代会计阶段。20 世纪 50 年代以后，商品经济获得了充分发展，企业规模扩大，所有权与经营权的分离逐渐成为企业经营的主要产权制度方式，为满足内部管理者对会计信息的要求，管理会计与传统会计相分离，并形成了相对独立的领域。管理会计的出现是近代会计发展成为现代会计的重要标志。会计学成为一门应用性学科，形成财务会计和管理会计两大分支。

因此，会计是随着社会发展和经济管理的要求而产生和发展的。经济愈发展，会计愈重要。

（三）会计的定义

会计是以货币为主要计量单位，反映和监督一个单位经济活动的一种经济管理工作。在企业，会计主要反映企业的财务状况、经营成果和现金流量，并对企业经营活动和财务收支进行监督。

将会计视为一种管理活动，比较准确地反映会计工作的实质，有助于推动会计工作的发展。

（四）新中国会计的发展

新中国成立后，国家非常重视会计工作的规范化管理，于 1980 年开始起草新中国的第一部《会计法》，于 1985 年 1 月颁布实施。为适应改革开放和经济发展的要求，《会计法》于 1993 年进行了修改，于 1999 年进行了修订，使会计工作步入法制化轨道。财政部于 1992 年颁布了《企业会计准则》和《企业财务通则》，并于 1993 年实施。将企业的会计工作统一到借贷记账法下，与国际会计核算逐步接轨。2001

年1月1日，财政部颁布实施了《企业会计制度》，进一步规范了会计核算和会计信息质量。之后，为适应我国市场经济发展和全球化的需要，按照立足国情、国际趋同、涵盖广泛、独立实施的原则，财政部对上述准则作了系统的修改，于2006年2月通过了新的《企业会计准则》体系，该体系包括《企业会计准则——基本准则》和38项具体准则。2006年10月，财政部又发布了《企业会计准则——应用指南》，从而实现了我国会计准则与国际财务报告准则的实质性趋同。

二、会计的职能

职能是人、事物或机构本身具有的功能或应起的作用。会计职能是会计作为经济管理工作所具有的功能或能够发挥的作用。会计职能是会计本身固有的功能，是本质的体现。会计按其发展变化可分为基本职能和扩展职能。

（一）会计的基本职能

会计的基本职能是指会计本身具有的基本功能和作用。会计的基本职能是核算和监督。

1. 会计的核算职能

会计的核算职能，主要是以货币作为主要计量单位对经济活动连续、系统和完整地确认、计量和报告，提供有用的经济信息。会计核算具有如下特点：

（1）会计核算主要是货币计量，同时辅以实物等计量。

（2）会计核算应具有连续性、系统性、完整性和综合性。

（3）会计核算不仅仅记录已发生的经济业务，还要为单位的经营管理决策提供可靠的会计信息。

2. 会计的监督职能

会计的监督职能，主要是利用会计核算提供的信息对单位的经济活动全过程的合法性、合理性和有效性进行监督，使之达到预期目标的功能。会计监督具有如下特点：

（1）会计监督主要利用货币计价对会计核算提供的各种信息指标进行监督，同时辅以实物监督。

（2）会计监督是对单位经济活动全过程进行事前、事中、事后的全面监督。

会计的核算和监督是会计的两个基本职能，会计核算是会计监督的基础，没有核算，监督就失去了依据，没有监督的核算信息，难以保证会计信息的真实可靠。因此，核算和监督密切结合，相辅相成。

（二）会计的扩展职能

随着经济的发展，市场竞争的加剧，经济活动的日益复杂化，会计的职能得到了进一步的发展和完善，由过去的只是事后核算发展到依据事后核算的信息对事前进行预测和分析，为经营管理和决策提供更多的有用信息。本教材认为会计职能除会计核算职能和会计监督职能两大基本职能外，还有会计预测和决策、会计规划和控制、会计分析和评价等扩展职能。

三、会计的对象

会计的对象是指会计所核算和监督的内容。凡是特定主体能够以货币表现的经济活动，都是会计核算和监督的内容，即会计对象。明确会计对象，对于确定会计的任务，尤其是对于研究和运用会计的方法，具有重要的意义。

会计对象表现为基础单位或组织发生的以货币表现的经济活动，具体表现为资金或资本的运动。企业的资金运动是由资金投入开始的，投入或取得这些资金的渠道主要有两个：一是企业所有者投入；二是向银行以及其他金融机构借入。资金到位后，企业就要进入下面的经营过程：

1. 供应过程。主要是购买原材料等劳动资料，这时资金的形态由货币资金转化为储备资金，同时也会发生购置厂房和机器设备的活动，这时资金的形态由货币资金转化为固定资金。

2. 生产过程。主要是将原材料投入生产，劳动者借助劳动手段加工出产品，其中，会发生材料的消耗、固定资产的折旧、生产工人的工资等，这时资金的形态由储备资金和一部分货币资金及固定资金转化为生产资金，再转化为成品资金。

3. 销售过程。将产品销售出去，实现商品的价值，这时资金的形态由成品资金转化为货币资金。经过上述的几个过程，资金从货币资金开始，依次转化为储备资金和固定资金、生产资金和成品资金，又回到货币资金，称为资金的循环。周而复始的资金循环称为资金的周转。

最后，完成一个生产经营过程后，会有部分资金退出企业，如上缴税金、归还借款、分配给投资者利润等。

四、会计核算的内容

《会计法》第十条规定：“下列经济业务事项，应当办理会计手续，进行会计核算：（一）款项和有价证券的收付；（二）财物的收发、增减和使用；（三）债权债务的发生和结算；（四）资本、基金的增减；（五）收入、支出、费用、成本的计算；（六）财务成果的计算和处理；（七）需要办理会计手续、进行会计核算的其他事项。”这是对会计核算内容的具体规定。

各单位在生产经营业务中，会发生各种经济交易或事项。经济交易是指单位与其他单位或个人之间发生的各种经济利益交换，如购买材料；经济事项是指在单位内部发生的具有经济影响的各类事件，如计提折旧。《会计法》规定，下列经济交易或事项应当进行会计核算：

（一）款项和有价证券的收付

款项是作为支付手段的货币资金，根据货币资金的存放地点及其用途的不同，货币资金分为库存现金、银行存款和其他货币资金。现金有狭义和广义之分。狭义的现金是指企业的库存现金；广义的现金是指除了库存现金外，还包括银行存款和其他符合现金定义的票证等。银行存款是企业存放在银行或其他金融机构的货币资金。在企业的经营资金中，有些货币资金的存款地点和用途与库存现金和银行存款不同，如外埠存款、银行汇票存款、银行本票存款、存出投资款等，这些资金在会计核算上统称为其他货币资金。

有价证券是指表示一定财产拥有权或支配权的证券，如国库券、股票、企业债券和其他债券等。

货币资金和有价证券是企业资产中流动性最强的资产。加强对货币资金和有价证券的管理和控制十分重要。

（二）财物的收发、增减和使用

财物是指单位财产和物资的简称。企业的财物是能给企业带来经济利益的资源，一般包括原材料、在产品、库存商品、燃料、低值易耗品等流动资产和房屋建筑物、机器设备、运输设备等固定资产。企业必须加强对财物的收发、增减和使用的管理，维护企业正常的生产经营秩序。

（三）债权、债务的发生和结算

债权是在企业经济交易中产生的收取款项的一种权利，一般包括应收账款、应收票据、其他应收款、长期应收款、持有至到期投资等应收款项和预付款项。

债务是企业在经济交易中形成的需以资产和劳务偿付的现时义务，一般包括短期借款、应付账款、应付票据、应付职工薪酬、应交税费、应付股利（利润）、长期借款和应付债券等应付款项和预收款项。

（四）资本的增减

资本是投资者实际投入企业的资金，是企业生产经营的“本钱”。会计上的资本是指所有者权益中的投入资本。根据《公司法》规定，企业设立时必须有法定资本金。法定资本金是指国家规定的开办企业必须筹集的最低资本数额。所有者权益是指投资者对企业净资产的所有权，是企业全部资产减去负债后的余额，包括实收资本、资本公积、盈余公积和未分配利润。资本表明的是企业的产权关系，企业办理资本的增减均有严格的法律规定。投资者作为企业的所有者将根据企业经营情况的好坏，按照出资的比例、企业章程或协议的约定分享利润或承担风险、分担亏损。企业应正确核算资本的投入以及保值增值的情况，以更好地维护投资者的利益。

（五）收入、利得、费用、损失的计算

收入是指企业在日常活动中形成的、会导致所有者权益增加、与所有者投入无关的经济利益的总流入。如工业企业制造并销售商品、咨询公司提供咨询服务等。利得是不属于日常活动所形成的经济利益流入。如企业处置固定资产、无形资产取得的经济利益流入。费用是指企业在日常活动中发生的、会导致所有者权益减少、与向所有者分配利润无关的经济利益的总流出。以工业企业为例，日常活动所产生的费用通常由产品成本和期间费用两部分构成，企业的产品成本由直接材料、直接人工和制造费用三个成本项目构成，期间费用包括管理费用、销售费用和财务费用三项。损失是指非日常活动所形成的经济利益的流出。如企业处置固定资产、无形资产的损失，违约经营受到的罚款等。

（六）财务成果的计算和处理

财务成果是指企业在一定时期内经营活动的结果，具体表现为盈利或亏损。财务成果的计算和处理包括某一会计期间利润的计算、净利润的计算、利润的分配或亏损的弥补等。财务成果计算和处理的正确与否，直接影响国家、投资人以及相关利益人的利益，因此，各单位必须按照国家统一的会计制度和其他法规制度的规定，正确对财务成果进行计算和处理。

五、会计基础

目前会计基础有权责发生制和收付实现制两种。我国企业会计准则规定，企业会计的确认、计量和报告应当以权责发生制为基础。权责发生制的基本要求：凡当期已经实现的收入和已经发生或应当负担的费用，无论款项是否收付，都应当作为当期的收入和费用；凡是不属于当期的收入和费用，即使款项已在当期收付，也不作为当期的收入和费用。

收付实现制是以收到或支付款项的时间作为确认收入或费用的时间。目前，我国行政事业单位会计采用收付实现制。

六、会计的计量属性

会计计量是为了将符合确认条件的会计要素登记入账并列报于财务报表而确定其金额的过程。企业应当按照规定的会计计量属性进行计量，确定相关金额。从会计角度，计量属性反映的是会计要素金额的确定基础，主要包括历史成本、重置成本、可变现净值、现值和公允价值等。

1. 历史成本

历史成本，又称为实际成本，就是取得或制造某项财产物资时所实际支付的现金或者其他等价物。在历史成本计量下，资产按照其购置时支付的现金或者现金等价物的金额，或者按照购置资产时所付出的对价的公允价值计量。负债按照其因承担现时义务而实际收到的款项或者资产的金额，或者承担现时义务的合同金额，或者按照日常活动中为偿还负债预期需要支付的现金或者现金等价物的金额计量。

2. 重置成本

重置成本又称现行成本，是指按照当前市场条件，重新取得同样一项资产需支付的现金或现金等价物的金额。在重置成本计量下，资产按照现在购买相同或者相似资产所需支付的现金或者现金等价物的金额计量。负债按照现在偿付该项债务所需支付的现金或者现金等价物的金额计量。

3. 可变现净值

可变现净值是指在正常生产经营过程中以预计售价减去进一步加工成本和销售所必须的预计税金、费用后的净值。在可变现净值计量下，资产按照其正常对外销售所能收到现金或者现金等价物的金额扣减该资产至完工时估计将要发生的成本、估计的销售费用以及相关税金后的金额计量。

4. 现值

现值是指对未来现金流量以恰当的折现率进行折现后的价值，是考虑货币时间价值因素等的一种计量属性。在现值计量下，资产按照预计从其持续使用和最终处置中所产生的未来净现金流入量的折现金额计量。负债按照预计期限内需要偿还的未来净现金流出量的折现金额计量。

5. 公允价值

公允价值是指在公平交易中，熟悉情况的交易双方自愿进行资产交换或者债务清偿的金额。在公允价值计量下，资产和负债按照在公平交易中，熟悉情况的交易双方自愿进行资产交换或者债务清偿的金额计量。

为保证会计信息的可靠性，企业在对会计要素进行计量时一般采用历史成本，采用重置成本、可变现净值、现值、公允价值计量的，应当保证所确定的会计要素金额能够取得并可靠计量。

任务2　确定会计核算的前提条件

会计核算前提也称会计假设或会计核算的前提条件，它是企业会计确认、计量和报告的前提条件，是对会计核算所处的时间、空间环境等所做的合理设定。离开了这些条件，就不能有效地开展会计工作。财务会计的前提条件是从会计实践中抽象出来的，其最终目的是保证会计核算资料符合财务报告的目标。我国的会计基本假设主要包括会计主体、持续经营、会计分期和货币计量。

1. 会计主体

会计主体是指会计工作所服务的特定单位，是企业会计确认、计量和报告的空间范围。会计主体为日常的会计处理提供了依据。

会计主体假设要求企业应当对其本身发生的交易或者事项进行会计确认、计量和报告，反映企业本身所从事的各项生产经营活动。明确界定会计主体是开展会计确认、计量和报告工作的重要前提。

会计主体不同于法律主体。会计主体可以是一个独立核算的经济实体、一个独立的法律个体，也可以是不进行独立核算的内部单位、一个非法律个体。一般来说，法律主体必然是会计主体。一个企业作为一个法律主体，同时也是一个需要单独反映经营成果与财务状况、编制独立的财务会计报告的实体。但是，会计主体并不一定是法律主体。如企业集团中，母公司和子公司是不同的法律主体，分别是会计主体的同时，还要以企业集团作为一个会计主体，编制合并财务报表。

2. 持续经营

持续经营是指会计主体的生产经营活动按照既定的目标继续经营下去，在可预见的将来不会面临破产进行清算。企业会计确认、计量和报告应当以持续经营为前提。在持续经营假设下，会计主体将按照既定用途使用资产，按照既定的合约条件清偿债务，会计人员可以在此基础上选择会计政策和方法。如企业取得固定资产按照取得成本计价，并按期计提折旧。

3. 会计分期

会计分期是指人为地将会计主体持续不断的生产经营活动划分为若干连续的、长短相同的期间。会计分期的意义在于将企业持续的生产经营活动划分为较短的时间段，产生了本期和非本期的区别，从而才能按期编制财务报告，向财务报告使用者提供相关信息。

在会计分期假设下，企业应当划分会计期间。会计期间分为年度和中期。会计期间通常为一年，称为会计年度。世界各国的会计年度起讫日期并不统一。我国以公历年度为企业的会计年度，从每年的 1 月 1 日至 12 月 31 日。中期是指短于一个完整的会计年度的报告期间，如半年、季度或月度。

4. 货币计量

货币计量是指会计主体在财务会计确认、计量和报告时以假定币值不变的货币作为基本计量单位，反映会计主体的财务状况、经营成果和现金流量。

我国会计核算一般以人民币作为记账本位币。业务收支以人民币以外的货币为主的企业可以选定其中一种货币为记账本位币，但是编制的财务报告应当折算为人民币。统一采用货币计量也有缺陷，某些影响企业财务状况和经营成果的因素，难以用货币来计量，但这些信息对于使用者决策也很重要，如企业经营战略、研发能力等，因此，企业可以在财务报告中补充披露非财务信息。

会计核算的四项基本假设相互依存，相互补充。会计主体确立了会计核算的空间范围；持续经营与会计分期确立了会计核算的时间范围；货币计量确立了会计核算的必要手段。

任务3 明确会计信息质量要求

会计信息质量要求是对企业财务报告中所提供会计信息质量的基本要求，是使财务报告中所提供的会计信息对投资者等使用者决策有用应具备的基本特征。根据企业会计准则的规定，它包括可靠性、相关性、可理解性、可比性、实质重于形式、重要性、谨慎性、及时性等。其中，可靠性、相关性、可理解性、可比性是会计信息的首要质量要求，实质重于形式、重要性、谨慎性、及时性是会计信息的次要质量要求，是对可靠性、相关性、可理解性、可比性等会计信息的首要质量要求的补充和完善，及时性是保证会计信息质量的最终保障。

（一）可靠性

可靠性也叫真实性或客观性。可靠性要求企业应当以实际发生的交易或事项为依据进行确认、计量和报告，如实反映符合确认和计量要求的各项要素及其他相关信息，保证会计信息真实可靠、内容完整。

有用的会计信息必须以可靠为基础，如果财务报告提供的会计信息是不可靠的，就会给投资者等财务报告使用人做经济决策产生误导或经济损失。为了贯彻可靠性要求，企业应当做到以下两点：

1. 以实际发生的交易或事项为依据进行确认、计量，将符合会计要素定义及其确认条件的资产、负债、所有者权益、收入、费用和利润等如实反映在财务报表中，不得根据虚构的、没有发生的或者尚未发生的交易或者事项进行确认、计量和报告。

2. 在符合重要性和成本效益原则的前提下，保证会计信息的完整性，其中包括应当编制的报表及其附注内容等应当保持完整，不能随意遗漏或者减少应予披露的信息，与使用者决策相关的有用信息都应当充分披露。

（二）相关性

相关性要求企业提供的会计信息应当与投资者等财务报告使用人的经济决策需要相关，有助于投资者等财务报告使用人对企业过去、现在或未来的经济情况作出评价或者预测。

会计信息是否有用、是否有价值，关键是看与财务报告使用者的决策需要是否相关，是否有助于决策或者提高决策水平。相关的会计信息应当能够有助于财务报告使用人评价企业过去的决策，证实或修正过去的有关预测，因而具有反馈价值。相关的会计信息还应当具有预测价值，有助于财务报告使用人根据财务报告所提供的会计信息预测企业未来的财务状况、经营成果和现金流量。例如，区分收入和利得、费用和损失，区分流动资产和非流动资产、流动负债和非流动负债以及适度引进公允价值等，都可以提高会计信息的预测价值，进而提升会计信息的相关性。

（三）可理解性

可理解性要求企业提供的会计信息应当清晰明了，便于投资者等财务报告使用人理解和使用。

企业编制财务报告、提供会计信息的目的在于使用，而要使使用者有效使用信息，应当能让其了解会计信息的内涵，弄懂会计信息的内容，这就要求财务报告提供者提供的会计信息应当清晰明了，易于理解。只有这样，才能提高会计信息的有用性，实现财务报告的目标，满足向投资者等财务报告使用人提供决策有用信息的要求。

可理解性要求企业提供的信息和记录信息的程序、方法应当通用，简单明了。使得信息报告使用人能够准确、及时、完整地把握会计信息的基本内涵，恰当地对会计信息加以分析和利用。

（四）可比性

可比性是指企业提供的会计信息应当相互可比。会计信息的可比性主要包含两层含义：

1. 同一企业不同时期可比。会计信息质量的可比性要求同一企业不同时期发生的相同或者相似的交易或事项，应当采用一致的会计政策，不得随意变更。这样要求是为了便于投资者等财务报告使用人了解企业的财务状况、经营成果和现金流量的变化趋势，比较企业在不同时期的财务报告信息，全面客观地评价过去、预测未来，从而作出决策。但是，满足会计信息可比性要求，并非表明企业不得变更会计政策，如果按照规定或者在会计政策变更后可以提供更可靠、更相关的会计信息，可以变更会计政策。有关会计政策变更的情况，应当在附注中予以说明。

2. 不同企业相同会计期间可比。会计信息质量的可比性要求不同企业同一会计期间发生的相同或者相似的交易或者事项，应当采用规定的会计政策，确保会计信息口径一致、相互可比，以使不同企业按照一致的确认、计量和报告要求提供有用会计信息。这样要求是为了便于投资者等财务报告使用人评价不同企业的财务状况、经营成果和现金流量及其变动情况，从而更好地作出经济决策。

（五）实质重于形式

实质重于形式要求企业应当按照交易或者事项的经济实质进行会计确认、计量和报告，不仅仅以交易或者事项的法律形式为依据。实质是指交易或事项的经济实质，形式是指会计核算依据的法律形式。

企业发生的交易或者事项在多数情况下，其经济实质和法律形式是一致的。但在有些情况下，会出现不一致。譬如，以融资租赁方式租入的资产，虽然从法律上来讲企业并不拥有其所有权，但是由于该种租赁方式的租赁期较长，接近于该资产的使用寿命，租赁期结束时承租方有优先购买该资产的权利，且在租赁期内承租企业有权支配资产并从中受益。因此，从其经济实质来看，承租企业能够控制该资产并用其创造未来的经济利益，所以，在会计确认、计量和报告中视融资租赁资产为自有资产进行管理和核算，列入企业的资产负债表。

（六）重要性

重要性要求企业提供的会计信息应当反映与企业财务状况、经营成果和现金流量有关的所有重要交易或者事项。

全面、准确地反映企业经济活动的全过程，固然是会计核算的基本要求，但从会计信息使用者的角度看，主要是通过财务报告提供者提供的会计信息进行决策，而不要求面面俱到，因此，对不同的交易或者事项可以根据重要程度，采用不同的核算方式对外披露，对于相对重要的会计事项，分项反映，重点说明、报告，对于次要的会计事项可以简化处理、合并反映。

如何理解重要性呢？

如果该会计信息在财务报告中省略或者错报会影响投资者等财务报告使用人据此作出决策的，该会计信息就具有重要性。在实务中，重要性的应用需要依赖职业判断，企业应当根据其所处环境和实际情况，从项目的性质和金额大小两方面加以判断。

（七）谨慎性

谨慎性要求企业对交易或者事项进行会计确认、计量和报告应当保持应有的谨慎，不应高估资产或者收益、低估负债或者费用。

在市场经济环境下，企业的生产经营活动面临着许多风险和不确定性，如应收款项的可回收性、固定资产的使用寿命、无形资产的使用寿命、售出存货可能发生的退货等，会计信息质量的谨慎性要求企业在面临不确定因素的情况下作出职业判断，并保持应有的谨慎，充分估计到各种风险和损失，既不高估资产或者收益也不低估负债或者费用。

但谨慎性的应用不允许企业设置秘密准备。如果企业故意低估资产或者收益，或故意高估负债或者费用，将不符合会计信息的可靠性和相关性要求，损害会计信息质量，扭曲企业的财务状况和经营成果。从而对财务信息报告使用者做决策产生误导。

（八）及时性

要求企业对于已经发生的交易或事项，应当及时进行确认、计量和报告，不得提前或者延后。

会计信息的价值在于帮助所有者或者其他方面作出经济决策，具有时效性，尤其在信息化发展迅猛的时代，各信息使用者或利益相关者对会计信息及时性的要求越来越高。即使是可靠的、相关的会计信息，如果不及时提供，就会失去实效性，对所有者的效用大大降低，甚至不再具有实际意义。在会计确认、计量和报告的过程中，贯彻及时性要求做到以下三点：第一，及时收集会计信息，即在经济交易或者事项发生后，及时收集整理各种原始单据或者凭证；第二，及时处理会计信息，按照会计准则的规定，及时对经济交易或者事项进行确认或者计量，并编制财务报告；第三，及时传递信息，按照国家规定的有关时限，及时地编制财务报告并传递给财务报告使用者，便于其及时使用和决策。

任务4 了解会计目标与会计核算方法

一、企业财务会计的目标

企业应当如实提供有关企业财务状况、经营成果和现金流量等方面的有用信息，以满足各方面的信息需要。

我国会计的目标主要满足企业外部和内部两个方面对企业信息的需要。

（一）财务信息的外部使用者

1. 投资者

投资者包括现有的和潜在的投资者。投资者主要关心其投资风险和报酬，需要信息来帮助他们决定是否应当进行投资。另外，他们还需要信息来帮助其评价被投资企业的获利能力等。

2. 债权人

债权人主要包括银行、非银行金融机构、企业债券购买人和提供信贷的其他单位或个人。债权人通常关心企业的偿债能力和财务风险，需要信息来评估企业能否如期支付本金及其利息，能否如期支付所欠货款等。

3. 政府及其有关部门

政府及其有关部门通常关心经济资源分配的公平、合理，市场经济秩序的公正、有序，宏观决策所依据信息的真实可靠等，需要信息来监管企业的各项经济活动、进行税收征管等。

4. 社会公众

企业的生产经营活动还与社会公众密切相关。在财务报告中提供有关企业发展前景、经营效益及其效率等方面的信息，对社会公众亦有帮助。

（二）财务信息的内部使用者

1. 企业内部管理者

在生产经营过程中，企业管理者为了实现其经营目标，就必须进行正确的决策，如筹资、投资、销售等，他们需要以客观的、有用的数据和资料为依据。会计信息在企业管理者的决策中起着重要的作用。

2. 企业的职工

企业的职工和工会关心企业从事经营活动的方向、企业的获利情况、利润增加情况、企业的福利待遇情况和职工的工资情况等。

二、会计核算方法

会计核算方法是对企业已发生的经济活动进行完整的、连续的、系统的核算和监督所应用的方法。具体包括：设置会计科目与账户、复式记账、填制和审核凭证、登记账簿、成本计算、财产清查、编制财务会计报告。

（一）设置会计科目与账户

会计科目是对会计对象的具体内容进行分类核算的项目。设置会计科目是事先在设计会计制度时规定这些项目，然后根据它在账簿中开立账户，分类地连续地记录各项经济业务。

（二）复式记账

复式记账是一种科学的记录经济业务的方法。复式记账是对每一项经济业务都要以相等的金额，在相互关联的两个或两个以上账户中进行记录的记账方法。这种记账方法能够全面、清晰地反映出经济业务的来龙去脉，可以通过试算平衡来检查有关业务的记录是否正确。

（三）填制和审核凭证

会计凭证是记录经济业务、明确经济责任的书面证明，是登记账簿的重要依据。所有凭证都要经过会计部门和有关部门的审核，只有经过审核无误的会计凭证，才能作为记账的依据。填制和审核会计凭证可以为经济管理提供真实可靠的数据资料，也是实行会计监督的一个重要方面。

（四）登记账簿

账簿是用来全面、连续、系统地记录各项经济业务的簿籍，也是保存会计数据的重要载体。登记账簿就是将发生的经济业务、序时、分类地记入有关账簿。登记账簿必须以会计凭证为根据，并定期进行结账、对账，为编制财务会计报告提供完整而又系统的会计数据。

（五）成本计算

成本计算是指在生产经营过程中，按照一定对象归集和分配发生的各种费用支出，以确定该对象的总成本和单位成本的一种专门方法。通过成本计算，可以反映和监督各项费用的发生是否符合节约原则，了解成本水平，并为成本分析提供资料。

（六）财产清查

财产清查就是通过对实物进行实地盘点来确定财产物资、货币资金和债权债务的实存数，并查明账面结存与实存数是否相符的一种专门方法。若发现账实不符，应查明原因，经过批准手续调整账目，使账实相符。

（七）编制财务会计报告

财务会计报告是根据账簿记录定期编制的、总括反映企业等单位在一定时期财务状况和经营成果的书面文件。编制财务会计报告是对日常核算的总结。财务会计报告提供的信息不仅可以为企业管理者进行决策时服务，也可以满足外部信息使用者了解企业的财务状况、经营成果和现金流量等信息，为其决策提供服务。因此，为了保证信息的有用性，企业应当按会计准则的有关规定来确认、计量和报告信息，做到数字真实、计算准确、内容完整、报送及时。

◎ 小结 ◎

会计是以货币为主要计量单位，反映和监督一个单位经济活动的一种经济管理工作。会计的基本职能是核算和监督。会计对象是会计核算和监督的内容。

会计基础有权责发生制和收付实现制两种。我国《企业会计准则》规定，企业会计的确认、计量和报告应当以权责发生制为基础。

会计计量属性主要包括历史成本、重置成本、可变现净值、现值和公允价值等。我国的会计基本假设主要包括会计主体、持续经营、会计分期、货币计量。

《企业会计准则》规定，会计信息质量要求包括可靠性、相关性、可理解性、可比性、实质重于形式、重要性、谨慎性、及时性等。

会计核算方法具体包括：设置会计科目与账户、复式记账、填制和审核凭证、登记账簿、成本计算、财产清查、编制财务会计报告。

◎ 技能操作训练 ◎

一、单项选择题

1. 会计的基本职能是（　　）。

A. 记录和计算　B. 分析与考核　C. 预测和决策　D. 核算和监督

2. 下列说法正确的是（　　）。

A. 会计主体与法律主体是对等概念

B. 无论是否独立核算，凡是由众多人组成的单位均为一个会计主体

C. 凡是会计主体一定是法律主体

D. 凡是法律主体一定是会计主体

3.（　　）界定了会计核算的空间范围。

A. 会计主体　　B. 会计分期　　C. 持续经营　　D. 货币计量

4. 企业对应收账款计提坏账准备，体现的会计信息质量要求是（　　）。

A. 重要性　　B. 可理解性　　C. 可靠性　　D. 谨慎性

5.（　　）是具有民事权利能力和民事行为能力，依法独立享有民事权利和承担民事义务的组织。

A. 会计主体　　B. 自然人　　C. 法人　　D. 合伙人

6. 下列账户中，只有权责发生制下才会设置的是（　　）。

A. 现金　　B. 存货　　C. 应收账款　　D. 短期借款

二、多项选择题

1. 持续经营要求在可预见的未来，该会计主体（　　）。

A. 不会破产清算　　B. 员工能够正常流动

C. 所持有的资产能正常运营　　D. 所负有的债务将正常偿还

2. 会计核算方法包括（　　）。

A. 设置会计科目和账户　　B. 成本计算

C. 财产清查　　D. 分析会计报表

3. 会计监督是对单位的经济活动的（　　）进行监督。

A. 合法性　　B. 合理性　　C. 规范性　　D. 有效性

4. 财务报告的使用人可以为（　　）。

A. 投资者　　B. 债权人

C. 政府及其有关部门　　D. 社会公众

三、判断题

1. 相关性要求会计信息要满足国家宏观经济管理的需要，满足有关各方了解企业财务状况和经营成果的需要，不必要满足企业内部管理的需要。（　　）

2. 会计的对象是价值活动或资金运动。（　　）

3. 可比性要求同一企业前后各期要提供相互可比的信息。（　　）

4. 中期是指短于一个完整的会计年度的报告期间，如半年、季度或月度。（　　）

5. 会计核算只能用货币作为计量单位。（　　）

学习情境二 理解会计要素与会计恒等式

[学习目标]

通过学习，能够陈述会计要素的含义、特征及其确认条件；能够利用会计恒等式进行试算平衡。

会计要素是根据交易或者事项的经济特征对会计对象的基本分类，是会计核算对象的具体化。我国2006《企业会计准则——基本准则》规定的会计要素包括资产、负债、所有者权益、收入、费用和利润六项。这六项会计要素可以划分为反映财务状况的会计要素和反映经营成果的会计要素两大类。反映财务状况的要素包括资产、负债和所有者权益；反映经营成果的要素包括收入、费用和利润。

任务1 理解会计要素

一、资产

资产是指企业过去的交易或者事项形成的、由企业拥有或者控制的、预期会给企业带来经济利益的资源。

（一）资产的特征

1. 资产是由过去的交易或事项形成的资源。过去的交易或事项一般指企业购买、生产、建造行为或其他交易或事项已经发生，预期在未来发生的交易或事项不能作为资产确认。

2. 资产是企业拥有或控制的资源。一项资源要作为企业的资产予以确认，企业应当拥有该资源的所有权，可以按照自己的意愿使用或处置。但在特殊情况下取得的资产，企业从法律上不拥有其所有权，但能够对其进行实质控制，如企业融资租入固定资产，就应当将其作为企业资产予以确认、计量和报告。

3. 资产预期能够直接或间接给企业带来经济利益。是指直接或者间接导致现金或现金等价物流入企业的潜力。资产预期能够给企业带来经济利益是资产的重要特征，已确认的资产如果不能再为企业带来经济利益，就不能继续确认为企业的资产。

4. 资产可以是有形的，也可以是无形的。有形的资产如原材料、库存商品、固定资产等，无形的资产如专利权、商标权等。

（二）资产的确认条件

符合上述资产定义的资源，同时满足以下条件时，确认为资产：第一，与该资源有关的经济利益很可能流入企业；第二，该资源的成本或者价值能够可靠计量。

（三）资产的分类

资产按其流动性可分为流动资产和非流动资产。根据《企业会计准则第30号——财务报表列报》规定，满足下列条件之一的资产，应当归类为流动资产：①预计在一个正常营业周期中变现、出售或耗用；②主要为交易目的而持有；③预计在资产负债表日起一年内（含一年，下同）变现；④自资产负债表日起一年内，交换其他资产或清偿负债的能力不受限制的现金或现金等价物。

1. 流动资产

流动资产包括货币资金、应收及预付款项、交易性金融资产和存货等。

（1）货币资金是指处于货币形态的资金，包括库存现金、银行存款和其他货币资金。

（2）应收及预付款项包括应收款项如应收账款、应收票据、其他应收款、应收利息及应收股利等和预付款项。

（3）交易性金融资产是指企业为交易目的持有的债券投资、股票投资、基金投资等金融资产。

（4）存货是指企业在日常经营活动中持有以备出售的库存商品、生产过程中的在产品、半成品以及准备在生产过程中耗费的材料、燃料等，主要包括原材料、周转材料、半成品、库存商品、委托加工物资和燃料等。

流动资产以外的资产归为非流动资产。

2. 非流动资产

非流动资产包括固定资产、无形资产、长期股权投资、持有至到期投资、可供出售金融资产、投资性房地产、长期待摊费用、递延所得税资产和其他资产等。

（1）固定资产是指使用期限较长，在使用过程中保持原有实物形态的资产，同时具有下列两个特征的有形资产：第一，为生产商品、提供劳务、出租或经营管理而持有的；第二，使用寿命超过一个会计期间。使用寿命是指企业使用固定资产的预计期间，或者该固定资产所能生产产品或提供劳务的数量。

（2）无形资产是指企业拥有或者控制的没有实物形态的可辨认非货币性资产。资产满足下列条件之一的，符合无形资产定义中的可辨认性标准：第一，能够从企业中分离或者划分出来，并能单独或者与相关合同、资产或负债一起，用于出售、转移、授予许可、租赁或者交换；第二，源自合同性权利或其他法定权利，无论这些权利是否可以从企业或其他权利和义务中转移或者分离。

（3）长期股权投资是指长期拥有、不准备随时出售，投资企业作为被投资单位的股东，按所持股份比例享有权益并承担责任。

（4）持有至到期投资是指到期日固定、回收金额固定或可确定，且企业有明显意图和能力持有至到期的非衍生金融资产。

（5）可供出售金融资产是指未被划分为“以公允价值计量且其变动计入当期损益的非衍生金融资产”或“持有至到期投资”或“贷款和应收款项”的其他非衍生资产，他们或者是在初始确认时即被指定为可供出售金融资产，或者是在初始确认以后因原本划分为“持有至到期投资”的金融资产不再符合该类的定义而被重分类为可供出售金融资产。

（6）投资性房地产是指为赚取租金或资本增值，或两者兼有而持有的房地产。

二、负债

负债是指企业过去的交易或者事项形成的、预期会导致经济利益流出企业的现时义务。

（一）负债的特征

1. 负债是由过去的交易或者事项形成的。具体的说，导致负债形成的交易或者事项必须已经发生。对于在未来才实施的现在的计划不形成负债。

2. 负债是企业承担的现时义务。负债是一项经济责任，是一项义务，需要企业偿还。

3. 偿还负债会导致企业经济利益流出。如直接支付现金，以非货币性资产偿还等。

（二）负债的确认条件

符合上述负债定义的义务，同时满足以下条件时，确认为负债：第一，与该义务有关的经济利益很可能流入企业；第二，未来流出的经济利益的金额能够可靠计量。

（三）负债的分类

负债按其流动性可分为流动负债和非流动负债。根据《企业会计准则第30号——财务报表列报》规定，满足下列条件之一的负债，应当归类为流动负债：①预计在一个正常营业周期中清偿；②主要为交易目的而持有；③自资产负债表日起一年内到期应予以清偿；④企业无权自主地将清偿推迟至资产负债表日后一年以上。

1. 流动负债

流动负债包括短期借款、应付及预收款项、交易性金融负债和应交税费等。

（1）短期借款是指企业向银行或其他金融机构部门借入的偿还期在一年内（含一年）的各种借款。

（2）应付及预收款项包括应付款项（如应付账款、应付票据、应付职工薪酬、其他应付款、应付利息及应付股利等）和预收款项。

（3）应交税费是指根据规定应缴纳的各种税费，包括增值税、营业税、消费税、资源税、城市维护建设税、所得税、教育费附加等。

流动负债以外的负债归为非流动负债。

2. 非流动负债

非流动负债包括长期借款、应付债券、长期应付款等。

（1）长期借款是指企业向银行或其他金融机构部门借入的偿还期在一年以上的各种借款。

（2）应付债券是指企业为筹集长期资金而面向社会公众发行的、约定在一定日期或分期偿还本金，并按期付息的一种有价证券。

（3）长期应付款是指除长期借款和应付债券以外的其他各种长期应付款项，如应付融资租入固定资产的租赁费等。

三、所有者权益

所有者权益是指企业资产扣除负债后由所有者享有的剩余权益。公司的所有者权益又称为股东权益。

（一）所有者权益的内容构成

所有者权益的来源包括所有者投入的资本、直接计入所有者权益的利得和损失、留存收益等。

投入的资本是指所有者在企业注册资本的范围内实际投入的资本。所谓注册资本，是指企业在设立时向工商行政管理部门登记的资本总额，也就是全部出资者设定的出资额之和。企业对资本的筹集，应该按照法律、法规、合同和章程的规定及时进行。

直接计入所有者权益的利得和损失是指不应计入当期损益、会导致所有者权益发生增减变动的、与所有者投入资本或者向所有者分配利润无关的利得或者损失。直接计入所有者权益的利得和损失包括直接计入所有者权益的利得和直接计入所有者权益的损失。

利得是指由企业非日常活动所形成的、会导致所有者权益增加的、与所有者投入资本无关的经济利益的流入。利得包括直接计入所有者权益的利得和直接计入当期利润的利得。直接计入所有者权益的利得有可供出售金融资产公允价值变动形成的利得；自用房地产或存货转换为采用公允价值模式计量的投资性房地产等。

损失是指由企业非日常活动所发生的、会导致所有者权益减少的、与向所有者分配利润无关的经济利益的流出。损失包括直接计入所有者权益的损失和直接计入当期利润的损失。可供出售金融资产公允价值变动形成的损失等属于直接计入所有者权益的损失。

留存收益是企业各年实现的净利润留存于企业的部分，主要包括盈余公积和未分配利润。

（二）所有者权益与债权人权益的区别

1. 债权人对企业资产的要求权优于所有者权益。

2. 企业的投资者可以参与企业的经营管理，而债权人往往无权参与企业的经营管理。

3. 对于所有者而言，在企业持续经营的情况下，除按法律程序减资外，一般不能提前撤回投资。而负债都有规定的偿还期限，必须于一定时期偿还。

4. 投资者以股利或利润的形式参与企业的利润分配。而债权人的债权只能按规定的条件得到偿付并获取利息收入。

（三）所有者权益的确认条件

所有者权益体现的是所有者在企业中的剩余权益，因此，所有者权益的确认主要依赖于其他会计要素，尤其是资产和负债的确认；所有者权益金额的确定也主要取决于资产和负债的计量。

四、收入

收入是指企业在日常活动中形成的、会导致所有者权益增加的、与所有者投入资本无关的经济利益的总流入。包括销售商品收入、提供劳务收入和让渡资产使用权收入。

（一）收入的特征

1. 收入是企业在日常活动中形成的。日常活动是指企业为完成其经营目标所从事的经常性活动以及与之相关的活动。如制造企业销售产品、商业企业销售商品等都属于企业的日常活动。明确经济利益的流入要区别收入与利得的界限。

2. 收入是与所有者投入资本无关的经济利益的总流入。收入应当会导致经济利益的流入，从而导致资产的增加。

3. 收入会导致所有者权益的增加。收入只有在经济利益很可能流入，从而导致企业所有者权益增加的才能确认为收入，否则不能确认为收入。如向银行借款，符合前两条内容特征，但是不会导致所有者权益增加，不能确认为收入，而确认为负债。

（二）收入的确认条件

按照《企业会计准则第 14 号——收入》的规定，销售商品收入同时满足下列条件的，才能予以确认：第一，企业已将商品所有权上的主要风险和报酬转移给购货方；第二，企业既没有保留通常与所有权相联系的继续管理权，也没有对已售出的商品实施有效控制；第三，收入的金额能够可靠地计量；第四，相关的经济利益很可能流入企业；第五，相关的已发生或将发生的成本能够可靠地计量。

按照《企业会计准则第 14 号——收入》的规定，企业在资产负债表日提供劳务交易的结果能够可靠估计的，应当采用完工百分比法确认提供劳务收入。完工百分比法，是指按照提供劳务交易的完工进度确认收入与费用的方法。提供劳务交易的结果能够可靠估计，是指同时满足下列条件：第一，收入的金额能够可靠地计量；第二，相关的经济利益很可能流入企业；第三，交易的完工进度能够可靠地确定；第四，交易中已发生和将发生的成本能够可靠地计量。

按照《企业会计准则第 14 号——收入》的规定，让渡资产使用权收入包括利息收入、使用费收入等。让渡资产使用权收入同时满足下列条件的，才能予以确认：第一，相关的经济利益很可能流入企业；第二，收入的金额能够可靠地计量。

（三）收入的分类

按照企业从事日常活动的性质，可将收入分为销售商品收入、提供劳务收入、让渡资产使用权收入等。

销售商品收入是指企业通过销售商品实现的收入，如制造企业生产并销售产品、商业企业销售商品等实现的收入。

提供劳务收入是指企业通过提供劳务实现的收入，如咨询公司提供咨询服务、软件开发企业为客户开发软件、安装公司提供安装服务、商业银行对外贷款、租赁公司出租资产等实现的收入。

按照企业从事日常活动在企业的重要性，可将收入分为主营业务收入、其他业务收入等。

主营业务收入是指企业为完成其经营目标从事的经常性活动实现的收入。如制造企业生产并销售产品、商业企业销售商品、保险公司签发保单、咨询公司提供咨询服务、软件开发企业为客户开发软件、安装公司提供安装服务、商业银行对外贷款、租赁公司出租资产等实现的收入。这些活动形成的经济利益的总流入构成收入，属于企业的主营业务收入。

其他业务收入是指与企业为完成其经营目标所从事的经常性活动相关的活动实现的收入。如工业企业对外出售不需用的原材料、对外转让无形资产使用权等。这些活动形成的经济利益的总流入也构成收入，属于企业的其他业务收入。

五、费用

费用是指企业在日常活动中发生的、会导致所有者权益减少的、与向所有者分配利润无关的经济利益的总流出。

（一）费用的特征

1. 费用是企业在日常活动中形成的。如制造企业销售产品，商业企业销售商品等都属于企业的日常活动。明确经济利益的流出要区别费用与损失的界限。

2. 费用是与向所有者分配利润无关的经济利益的总流出。费用的发生应当会导致经济利益的流出，从而导致资产的减少或负债的增加。

3. 费用会导致所有者权益的减少。与费用相关的经济利益的流出会导致企业所有者权益的减少。不会导致所有者权益减少的经济利益的流出不能确认为费用。

（二）费用的确认条件

确认为费用需要在符合费用定义的同时，还应该满足以下三个条件：第一，与费用相关的经济利益很可能流出企业；第二，经济利益流出企业的结果会导致资产的减少或者负债的增加；第三，经济利益的流出额能够可靠计量。

（三）费用的分类

费用按照经济用途进行分类，首先要将企业发生的费用划分为应计入产品成本、劳务成本的费用和不应计入产品成本、劳务成本的费用两大类。对于应计入产品成本、劳务成本的费用再继续划分为：直接费用和间接费用。其中直接费用包括直接材料、直接人工和其他直接费用；间接费用指制造费用。对于不应计入产品成本和劳务成本的费用再继续划分为管理费用、财务费用和销售费用。

1. 直接材料。指企业在生产产品和提供劳务过程中所消耗的，直接用于产品生产，构成产品实体的原料及主要材料、外购半成品（外购件）、修理用备件（备品配件）、包装物、有助于产品形成的辅助材料以及其他直接材料。

2. 直接人工。指企业在生产产品和提供劳务过程中，直接从事产品生产的工人工资以及按生产工人工资总额和规定的比例计算提取的职工福利费。

3. 其他直接费用。指企业发生的除直接材料费用和直接人工费用以外的，与生产商品或提供劳务有直接关系的费用。

直接费用应当根据实际发生数进行核算，并按照成本计算对象进行归集，直接计入产品的生产成本。

4. 制造费用。指企业为生产产品和提供劳务而发生的各项间接费用，包括工资和福利费、折旧费、修理费、办公费、水电费、机物料消耗、劳动保护费、季节性和修理期间的停工损失等，但不包括企业行政管理部门为组织和管理生产经营活动而发生的管理费用。

5. 期间费用。指企业当期发生的必须从当期收入得到补偿的费用。由于它仅与当期实现的收入相关，必须计入当期损益，所以称其为期间费用。主要包括管理费用、财务费用和销售费用。

费用按经济用途进行分类，能够明确地反映出直接用于产品生产上的材料费用是多少，职工薪酬是多少，耗用于组织和管理生产经营活动上的各项支出是多少。从而有助于企业了解费用计划、定额、预算等的执行情况，控制成本费用支出，加强成本管理和成本分析。

六、利润

利润是指企业在一定会计期间的经营成果。反映的是企业的经营业绩情况，是业绩考核的重要指标。

（一）利润的来源构成

利润包括收入减去费用后的净额、直接计入当期利润的利得和损失等。

直接计入当期利润的利得和损失是指应当计入当期损益的、会导致所有者权益发生增减变动的、与所有者投入资本或向投资者分配利润无关的利得或损失。

利润＝（收入－费用）＋（直接计入当期利润的利得－直接计入当期利润的损失）

（二）利润的确认条件

利润反映的是收入减去费用、利得减去损失后的净额。利润的确认主要依赖于收入和费用以及利得和损失的确认，其金额的确定也主要取决于收入、费用、利得、损失金额的计量。

任务2　理解会计恒等式

一、会计恒等式的内容

会计恒等式是反映会计要素之间数量关系的数学公式。由于这一公式在数量上是恒等的，所以又称为会计平衡公式、会计等式或会计方程式。会计恒等式之所以成立是因为资产和权益实质上是同一事物的两个方面：一方面表现为企业所拥有的一系列财产的占用形态，另一方面表现为企业对这些财产的一系列所有权，亦即这些财产资金的来源渠道。而且，由于权益要求表明资产的来源，而全部来源又必须与全部资产相等，所以，全部资产必须等于全部权益。权益分为债权人权益（负债）和投资人权益（股东权益）。资产和权益是资金的两个方面，企业有一定数量的资产，同时就有一定数量的权益。资产与权益的平衡关系用公式表示如下：

资产＝权益

或　　资产＝债权人权益＋投资人权益

或　　资产＝负债＋所有者权益　　（1）

会计等式（1）反映的是企业在某一时点或某一日期的资产、负债和所有者权益的状况，是反映企业财务状况的静态要素的恒等式。资产＝负债＋所有者权益，是会计记账和核算的基础，更是编制资产负债表的基础。

企业的目标就是盈利，只有取得的收入补偿为这笔收入所花的费用还有剩余，企业才算是盈利了。因此，也产生了如下恒等式：

收入－费用＝利润　　（2）

企业在经营中，“收入－费用＝利润”中的利润就表明现金流入大于现金流出，也就是企业资产增多，因此，可将上述恒等式（1）和（2）综合为下列等式：

资产＝负债＋所有者权益＋收入－费用　　（3）

会计恒等式（3）是对会计要素之间关系的全面表达，完整地反映了企业财务状况和经营成果形成过程。

会计期末，企业计算出利润（或亏损），并按规定程序进行分配，剩余的全部归为所有者权益。因此，会计期末的恒等式是（1），即

资产＝负债＋所有者权益

会计恒等式是会计最重要的理论基础。会计的实际工作，如会计科目和账户的设置、复式记账、试算平衡、结账、财务报表的设计与编制，都必须以会计恒等式为指导。

二、经济业务的发生对会计恒等式的影响

经济业务又称经济交易，是指单位与其他单位和个人之间发生的各种经济利益交换，如购买材料、对外销售产品等。

任何经济业务发生后都不会影响会计恒等式。资产反映的是资金的占用，而负债和所有者权益反映的是资金的来源，有一定的来源就必然有相应的占用，二者反映内容一致，只是角度不同而已，因此，二者必然相等。综合来讲，经济业务的发生引起资产和权益的变化可归为四大类具体九种情况：

1. 资产与权益（负债加所有者权益）同时增加

（1）一项资产和一项负债同增；

（2）一项资产和一项所有者权益同增。

2. 资产与权益（负债加所有者权益）同时减少

（1）一项资产和一项负债同减；

（2）一项资产和一项所有者权益同减。

3. 资产内部项目有增有减

4. 权益内部项目有增有减

（1）一项负债减少，另一项负债增加；

（2）一项所有者权益减少，另一项所有者权益增加；

（3）一项负债减少，一项所有者权益增加；

（4）一项所有者权益减少，一项负债增加。

以上各种经济业务的发生都会引起资产、负债、所有者权益的变动，但无论怎样发生变动都不会破坏资产与权益间的平衡关系。

下面举例说明不同类型的经济业务的发生对会计恒等式的影响。

【例 2－1】红远公司 2010 年 3 月 31 日资产、负债和所有者权益状况如下：

资　产		=	负　债		+	所有者权益	
库存现金	1 500		短期借款	200 000		实收资本	400 000
银行存款	180 000		应付账款	121 500			
原材料	120 000						
固定资产	330 000						
应收账款	90 000						
总计	721 500	=		321 500	+		400 000

1. 2010 年 4 月 1 日，收回外单位欠款 50 000 元已存入银行存款。

2. 2010 年 4 月 3 日，购买一批材料，金额 20 000 元，货款尚欠，材料已入库。

3. 2010 年 4 月 4 日，收到投资者追加的投资 100 000 元，已存入银行。

4. 2010 年 4 月 5 日，以银行存款购买设备一台，价值 80 000 元。

5. 2010 年 4 月 7 日，用银行存款 20 000 元偿还材料款。

资　产		=	负　债		+	所有者权益	
库存现金	1 500		短期借款	200 000		实收资本	500 000
银行存款	230 000		应付账款	121 500			
原材料	140 000						
固定资产	410 000						
应收账款	40 000						
总计	821 500	=		321 500	+		500 000

以上发生的经济业务，涉及了资产、负债和所有者权益要素，经济业务的发生只会引起要素变化，但不会破坏平衡关系。

◎ 小结 ◎

我国 2006《企业会计准则——基本准则》规定的会计要素包括资产、负债、所有者权益、收入、费用和利润六项。反映财务状况的要素包括资产、负债和所有者权益；反映经营成果的要素包括收入、费用和利润。

企业的全部资产必须等于全部权益。权益分为债权人权益（负债）和投资人权益（股东权益）。资产与权益的平衡关系式为：资产 = 权益；资产 = 债权人权益 + 投资人权益；资产 = 负债 + 所有者权益。该等式反映的是企业在某一时点或某一日期的资产、负债和所有者权益的状况。反映企业一定期间经营成果的等式为：收入 − 费用 = 利润。

各种经济业务的发生都会引起资产、负债、所有者权益的变动，但无论怎样发生变动都不会破坏资产与权益间的平衡关系。

◎ 技能操作训练 ◎

一、单项选择题

1. 下列属于非流动资产的是（ ）。

A. 其他应收款 B. 固定资产 C. 有形资产 D. 实物资产

2. 下列属于非流动负债的是（ ）。

A. 预收账款 B. 应付账款 C. 应交税费 D. 应付债券

3.（ ）是会计工作的起点。

A. 设置会计科目 B. 设置会计账簿 C. 合法取得原始凭证 D. 成本计算

4. 下列经济业务的发生，使资产和权益项目同时增加的是（ ）。

A. 生产产品领用材料 B. 以盈余公积转增资本金

C. 收到买方预付的货款存入银行 D. 以银行存款偿还前欠货款

5. 期间费用不包括（ ）。

A. 管理费用 B. 销售费用 C. 财务费用 D. 制造费用

二、多项选择题

1. 资金的退出包括（ ）。

A. 偿还各种债务 B. 上交各项税金 C. 向所有者分配利润 D. 预付账款

2. 资产的特征是（ ）。

A. 过去的交易事项形成 B. 企业拥有或控制

C. 能够给企业带来经济利益 D. 预期会导致经济利益流出企业

3. 留存收益包括（ ）。

A. 实收资本 B. 资本公积 C. 盈余公积 D. 未分配利润

4. 债权是企业收取款项的权利，一般包括（ ）。

A. 预付款项 B. 预收款项 C. 应交款项 D. 应收款项

5. 下列各项中，符合会计要素收入定义的有（ ）。

A. 销售产品收入 B. 销售材料收入

C. 出租包装物的收入 D. 出售固定资产的收入

三、判断题

1. 企业可以随意应用会计计量属性。（ ）
2. 购买原材料，货款未付，该项经济业务不会引起等式两边的总额发生变化。（ ）
3. 企业专设的销售机构内发生的所有经营费用都属于销售费用。（ ）
4. 企业在一定期间发生亏损，则企业在这一会计期间的所有者权益一定减少。（ ）
5. 利得虽然不影响营业利润，但一定会影响利润总额。（ ）

学习情境三　设置会计科目与账户

［学习目标］

通过学习，能够陈述会计科目与账户的概念；会使用会计科目编制会计分录；理解会计科目和账户的分类；了解设置会计科目与账户的原则和意义。

任务1　了解会计科目

一、设置会计科目的意义

会计的对象是资金运动。资金运动按照一定的标准具体划分为资产、负债、所有者权益、收入、费用和利润六个会计要素，但这些满足不了信息使用者的需要。

会计科目是对会计对象的具体内容即会计要素进一步分类核算的项目，设置会计科目，是根据会计对象的具体内容和经济管理的要求，事先规定分类核算的项目或标志的一种专门的方法。通过设置会计科目，对会计要素的具体内容进行了科学分类，可以为会计信息的使用者提供科学的、详细的分类指标体系。例如，为了反映和监督各项资产的增减变动，就需要设置“银行存款”、“原材料”、“库存商品”、“固定资产”等科目。为了反映和监督负债的增减变动，需要设置“短期借款”、“应付账款”、“应付票据”等科目。

会计科目的设置是会计核算和管理的基础，会计科目为成本核算及财产清查提供了前提条件，会计科目为编制会计报表提供了方便，会计科目的设置必须遵循一定的原则。

二、设置会计科目的原则

各单位必须按照《企业会计准则》的规定设置和使用会计科目，并遵循以下原则。

1. 设置会计科目必须适应会计对象的特点

适应会计对象的特点是指必须根据各行业会计对象的特点，本着全面核算其经济业务的全过程及结果的目的来确定应设置的会计科目。例如，制造企业有生产环节、根据这一特点，制造企业必须设置反映生产过程的如“生产成本”、“制造费用”等科目来适应企业会计对象的特点。

2. 设置会计科目必须符合经济管理的要求

设置会计科目要符合经济管理的要求，一要符合国家宏观经济管理的要求，根据宏观经济管理要求来划分经济业务的类别，设定分类的标志；二要符合企业自身经济管理的要求，为企业的经营预测、决策及管理提供会计信息设置分类的项目；三是要符合包括投资者在内的有关各方面对企业生产经营情况的要求。

3. 设置会计科目要将统一性与灵活性结合起来

由于企业的经济业务纷繁复杂，在分类核算会计要素的增减变动时，需要将统一性与灵活性相结合。所谓统一性，就是在设置会计科目时，要根据《企业会计制度》的要求对一些主要会计科目的设置进行统一的规定，对于核算指标的计算标准、口径都要统一。所谓灵活性，就是在能够提供统一核算指标的前提下，各个单位根据自己的具体情况及投资者的要求，增设、分拆、合并会计科目。会计科目还要求含义明确、通俗易懂。

4. 设置会计科目要保持相对稳定性

会计科目一旦设置和使用，一般不轻易变动，这也是为了遵循可比性原则，以保持信息的连续与可比，有利于会计工作的稳定和工作效率的提高。

三、会计科目的分类

（一）按反映的经济业务内容分类

会计科目按其反映的经济业务内容不同，可分为资产类、负债类、所有者权益类、成本类和损益类六大类。具体见表 3－2 所示。

（二）按提供指标的详细程度不同分类

会计科目按其所提供信息的详细程度及其统驭关系不同，又分为总分类科目和明细分类科目。

1. 总分类科目

总分类科目也称一级科目。它是对会计要素的具体内容进行总括分类的会计科目，是反映总括性核算指标的科目。如“应收账款”、“原材料”等科目。按我国现行会计制度规定，总分类科目一般由财政部或企业主管部门统一制定。会计科目表中的科目都是总分类科目。

2. 明细分类科目

明细分类科目是对总分类科目的内容再做详细分类的科目，它是反映核算指标详细、具体情况的科目。如“应收账款”科目按债务人名称设置明细科目，反映应收账款具体对象。按我国现行会计制度规定，明细分类科目除会计制度规定设置的以外，各单位可根据实际需要自行设置。

在实际工作中，有时在总分类科目下设置的明细分类科目太多，为了适应管理工作的需要，可在总分类科目与明细分类科目之间增设二级科目（也称子目），二级科目所提供的指标或信息介于总分类科目和明细分类科目之间。因此，会计科目可分为二级或三级，即总分类科目统辖下属若干明细分类科目，或者总分类科目统辖下属若干二级科目，再在每个二级科目下设置明细科目。

为了简化说明，我们一般将二级科目（子目）也算作明细分类科目的一个组成部分，二级科目所属的科目称为明细科目（也称细目）。因此，明细分类科目包括二级科目（子目）和明细科目（细目）。

会计科目按提供指标详细程度的分类举例见表 3－1 所示。

表 3－1　　会计科目按提供指标详细程度分类

总分类科目（一级科目）	明细分类科目	
	二级科目（子目）	明细科目（细目）
固定资产	机器设备	A 机床 B 机床
	运输工具	卡车（10 吨） 客车（55 座） 轿车
生产成本	一车间	A 产品 B 产品
	二车间	C 产品 D 产品

四、会计科目表

表 3－2　　一般企业常用会计科目表

编　号	名　称	编　号	名　称
一、资产类		二、负债类	
1001	库存现金	2001	短期借款
1002	银行存款	2201	应付票据
1012	其他货币资金	2202	应付账款
1101	交易性金融资产	2203	预收账款
1121	应收票据	2211	应付职工薪酬
1122	应收账款	2221	应交税费
1123	预付账款	2231	应付利息
1131	应收股利	2232	应付股利
1132	应收利息	2241	其他应付款
1221	其他应收款	2314	代理业务负债

续表

编　号	名　称	编　号	名　称
1231	坏账准备	2501	长期借款
1321	代理业务资产	2502	应付债券
1401	材料采购	2701	长期应付款
1402	在途物资	2702	未确认融资费用
1403	原材料	2801	预计负债
1404	材料成本差异	2901	预计所得税负债
1405	库存商品		三、所有者权益类
1406	发出商品	4001	实收资本
1407	商品进销差价	4002	资本公积
1408	委托加工物资	4101	盈余公积
1411	周转材料	4103	本年利润
1461	融资租赁资产	4104	利润分配
1471	存货跌价准备		四、成本类
1501	持有至到期投资	5001	生产成本
1502	持有至到期投资减值准备	5101	制造费用
1503	可供出售金融资产	5201	劳务成本
1511	长期股权投资	5301	研发支出
1512	长期股权投资减值准备		五、损益类
1521	投资性房地产	6001	主营业务收入
1531	长期应收款	6011	利息收入
1532	未实现融资收益	6051	其他业务收入
1601	固定资产	6101	公允价值变动损益
1602	累计折旧	6111	投资收益
1603	固定资产减值准备	6301	营业外收入
1604	在建工程	6401	主营业务成本
1605	工程物资	6402	其他业务成本
1606	固定资产清理	6403	营业税金及附加
1701	无形资产	6601	销售费用
1702	累计摊销	6602	管理费用
1703	无形资产减值准备	6603	财务费用
1711	商誉	6701	资产减值损失
1801	长期待摊费用	6711	营业外支出
1811	递延所得税资产	6801	所得税费用
1901	待处理财产损溢	6901	以前年度损益调整

任务2　设置账户

一、设置账户的意义

会计科目的设置确定了对会计要素具体内容进行分类核算的项目。但项目的本身仅表示其所反映的会计要素的内容，实际工作中为了连续、系统地记录经济业务发生后引起的会计要素增减变动，以提供会计信息，就必须根据规定的会计科目来开设账户，对会计要素进行分类核算。

账户是按照规定的会计科目在账簿中对各项经济业务进行的分类、系统、连续记录的一种手段。会计科目仅仅是分类核算的项目或标志，而核算指标的具体数据资料，则要通过账户记录取得。会计科目就是账户的名称。

会计科目与账户是既有区别、又有联系的两个概念。共同点在于：都要对经济业务进行分类，即两者所反映的经济内容相同。不同点在于：会计科目只是经济业务分类核算的项目或标志，只是说明一定经济业务的内容。账户却是具有一定的结构、格式，可以对会计对象进行连续、系统地记录，反映某项经济内容的增减变化及其结果，可以提供具体的数据资料，具有登记增减变化的不同结构的一种核算形式。

二、账户的格式

作为会计核算对象的会计要素，是随着经济业务的发生在数量上进行增减变化，并相应产生变化结果。因此，用来分类记录经济业务的账户必须确定结构。账户的基本结构是由会计要素的数量变化情况决定的。会计要素的数量变化是由经济业务所引起的，而经济业务的发生所导致的各项会计要素的变化，从数量上看只有两种情况：增加或减少。因此，账户的基本结构也相应地分为两个基本部分，即划分为左右两方，一方登记增加数，另一方登记减少数。我们用一个简化的“T”字形账户来说明，如图3－1所示。

图3－1　账户格式

账户左右两方的主要内容是记录期初余额、本期增加额、本期减少额及期末余额。本期增加额和减少额是指在一定的会计期间内（月、季或年），账户在左右两方分别登记的增加金额合计数和减少金额合计数，又可以将其称为本期增加发生额和本期减少发生额。本期增加发生额和本期减少发生额相抵后的差额，就是本期的期末余额。如果将本期的期末余额转入下一期，就是下一期的期初余额。上述四项金额的关系可以用下列公式来表示：

本期期末余额＝本期期初余额＋本期增加发生额－本期减少发生额

账户的左右两方是按相反方向来记录增加额和减少额。也就是说，如果规定在左方记录增加额，就应该在右方记录减少额；反之，如果在右方记录增加额，就应该在左方记录减少额。在具体账户的左右两方中究竟规定哪一方记录增加额、哪一方记录减少额，取决于各账户所记录的经济内容和所采用的记账方法。

三、账户的分类

会计账户是对各项经济业务分类记录的工具，每个账户只能从某一方面反映企业的经济活动。但是企业的经济业务种类繁多，要连续、系统地反映企业全部的经济业务，就必须设置一系列账户，以便完整准确地构成一个企业的会计账户体系，全面反映企业的经济业务。为掌握各类账户在各项经济业务中发挥的作用，了解各类账户在整个账户体系中的地位，以及更好地运用于经济业务中，就要对账户进行科学的分类。

（一）会计账户按经济内容分类

会计账户按经济内容分类，就是按账户所核算和监督资金运动状态分类，又称为按会计要素分类。会计账户按此分类方式可分为资产类账户、负债类账户、所有者权益类账户、成本类账户、损益类账户五类。具体的分类方法可参照图3－2。

1. 资产类账户

资产类账户是用来反映企业资产的增减变动及其实有数额情况的账户。按照资产流动性的不同，可以分为流动资产账户和非流动资产账户两类。其中，流动资产类账户主要有："库存现金"、"银行存款"、"应收账款"、"原材料"、"库存商品"等；非流动资产类账户主要有："长期股权投资"、"固定资产"、"累计折旧"、"无形资产"等。

2. 负债类账户

负债类账户是用来反映企业负债的增减变动及其实有数额情况的账户。按照负债的流动性划分，可分为反映流动负债的账户和反映长期负债的账户。其中，反映流动负债的账户有："短期借款"、"应付账款"、"应交税费"等；反映长期负债的账户有"长期借款"、"应付债券"等。

3. 所有者权益类账户

所有者权益类账户是用来反映企业所有者权益的增减变动及其实有数额情况的账户。主要有："实收资本"、"资本公积"、"盈余公积"、"本年利润"和"利润分配"等。

4. 成本类账户

成本类账户是核算和监督企业在生产经营过程中和对外提供劳务时所发生的各种耗费情况和成本计算的账户。主要有："生产成本"、"制造费用"等。

5. 损益类账户

损益类账户是指用来核算和监督企业在生产经营过程中损益增减变动情况的账户。按照损益的性质不同，可分为反映营业损益的账户和反映营业外损益的账户。其中反映营业损益的账户有："主营业务收入"、"主营业务成本"、"所得税费用"等；反映营业外损益的账户有："营业外收入"、"营业外支出"等。

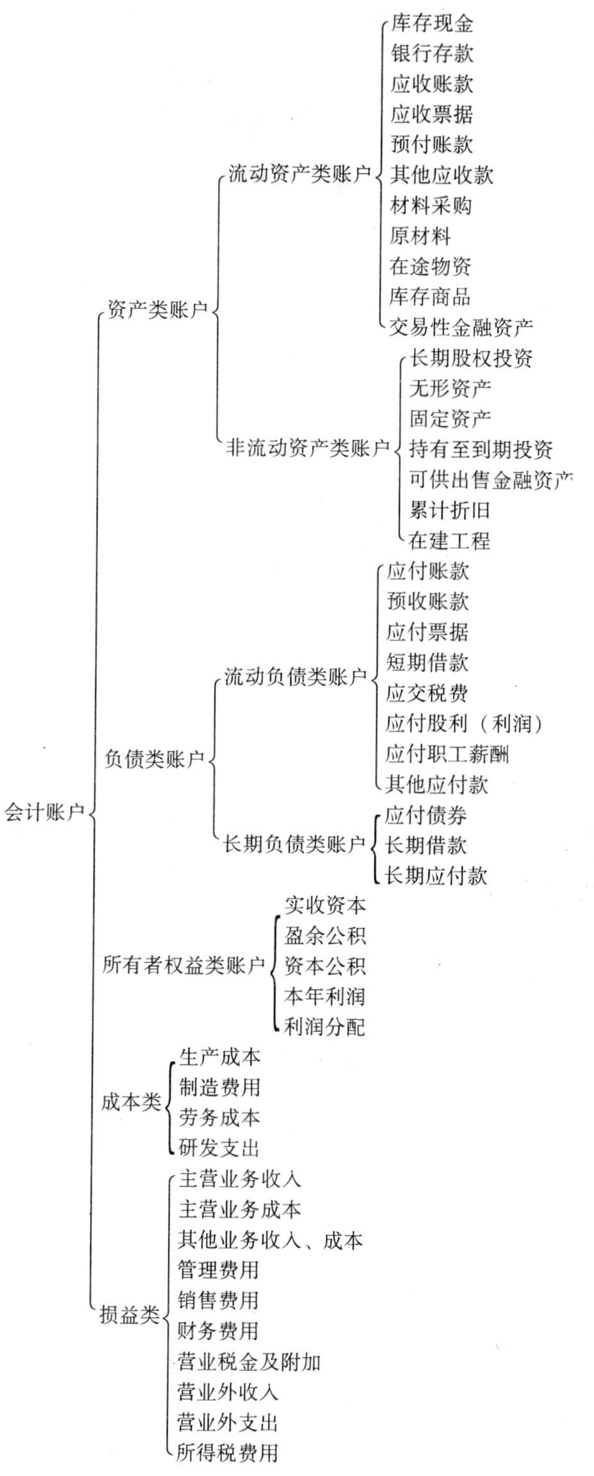

图 3－2 会计账户按经济内容分类

（二）会计账户按用途和结构分类

会计账户按用途和结构分类的实质是账户在会计核算中所起的作用和账户在使用中能够反映什么样的经济指标进行的分类。账户按照用途和结构可以分为盘存类账户、结算类账户、资本类账户、调整类账户、集合分配类账户、成本计算类账户、财务成果类账户、计价对比类账户等。

1. 盘存类账户

盘存类账户是指可以通过实物盘点进行核算和监督的各种资产类账户。主要有："库存现金"、"银行存款"、"原材料"、"库存商品"、"固定资产" 等。盘存类账户的基本结构为：借方登记各项货币资金、财产物资的增加额，贷方登记各项货币资金、财产物资的减少额，该账户的期末余额在借方，表示各项货币资金、财产物资的期末结存数额。

盘存类账户基本结构

借方	贷方
期初余额：货币资金、财产物资的期初数额 本期发生额：货币资金、财产物资的增加额	本期发生额：货币资金、财产物资的减少额
期末余额：货币资金、财产物资的结存数额	

2. 结算类账户

结算类账户是指用来核算和监督一个经济组织与其他经济组织或个人以及经济组织内部各单位之间债权债务往来结算关系的账户。按照结算性质的不同，它可以分为债权结算账户、债务结算账户和债权债务结算账户三种。

（1）债权结算账户主要有："应收账款"、"应收票据"、"预付账款"、"其他应收款" 等。债权结算账户的基本格式为：借方登记债权的增加额，贷方登记债权的减少额，该账户的期末余额在借方，表示尚未收回的债权数额。

债权结算账户基本结构

借方	贷方
期初余额：债权的期初数额 本期发生额：债权的增加额	本期发生额：债权的减少额
期末余额：尚未收回债权的实有数额	

（2）债务结算账户主要有："应付账款"、"应付票据"、"预收账款"、"其他应付款"、"应交税费"、"应付股利"、"应付职工薪酬" 等。债务结算账户的基本结构为：贷方登记债务的增加额，借方登记债务的减少额，期末余额在贷方，表示尚未偿还的债务数额。

债务结算账户基本结构

借方	贷方
本期发生额：债务的减少额	期初余额：债务的期初数额 本期发生额：债务的增加额
	期末余额：尚未偿还的债务数额

（3）债权债务结算账户是一类比较特殊的结算类账户，它是对经济组织在与其他经济组织或个人之间既有债权又有债务结算情况、需要在同一账户进行核算与监督而运用的一种账户。债权债务账户的基本结构为：借方登记债权的增加额或债务的减少额，贷方登记债权的减少额或债务的增加额，如果期末余额在借方，表示尚未收回的债权数额大于尚未偿还债务数额的差额，即期末债权结算（应收款项）的实有数；如果期末余额在贷方，表示尚未偿还的债务数额大于尚未收回债权数额的差额，即期末债务结算（应付款项）的实有数。

债权债务结算账户基本结构

借方	贷方
期初余额：期初债权的数额大于债务数额的差额 本期发生额：债权的增加额 债务的减少额	期初余额：期初债务的数额大于债权数额的差额 本期发生额：债权的减少额 债务的增加额
期末余额：尚未收回的债权数额大于尚未偿还债务数额的差额	期末余额：尚未偿还的债务数额大于尚未收回债权数额的差额

3. 资本类账户

资本类账户是指用来核算和监督所有者资本金及盈余积累资本增减变动情况及其实有数额的账户。主要有："实收资本"、"资本公积"、"盈余公积"、"利润分配"等。资本类账户的基本结构为：贷方登记所有者投入资本及盈余积累资本的增加额，借方登记所有者投入资本及盈余积累资本的减少额，期末余额在贷方，表示所有者投入资本及盈余积累资本的实有数额。

资本类账户基本结构

借方	贷方
本期发生额：所有者资本金及盈余积累资本减少额	期初余额：期初投资者投入资本金及盈余积累资本的实有数额 本期发生额：所有者资本金及盈余积累资本增加额
	期末余额：所有者资本金及盈余积累资本的实有数额

4. 调整类账户

调整类账户，是指用来调节和整理相关账户的账面金额并表示被调整账户的实际余额数而设置的账户。调整类账户按照调整方式的不同可分为备抵调整账户、附加调整账户和备抵附加调整账户三类。

（1）备抵调整账户也称抵减账户，是指用来抵减被调整账户余额，以取得被调整账户实际余额的账户。备抵调整账户按照被调整账户性质的不同又可分为资产类备抵调整账户和权益类备抵调整账户。

①资产备抵账户。资产备抵账户的余额在贷方，被调整账户的余额在借方。“累计折旧”账户是“固定资产”账户的备抵账户；“坏账准备”账户是“应收账款”账户的备抵账户。此外，资产备抵账户还有“存货跌价准备”、“固定资产减值准备”、“无形资产减值准备”等账户。

②权益备抵账户。权益备抵账户的余额一般在借方，被调整账户余额一般在贷方。“库存股”账户是“股本”账户的备抵账户。

备抵调整账户可用公式表示为：

被调整账户余额 − 备抵调整账户余额 = 被调整账户的实际余额

（2）附加调整账户是指用来增加被调整账户余额的账户，以求得被调整账户实际余额的账户。附加调整账户与其被调整的账户的性质、余额方向相同。可用公式表示为：

被调整账户余额 + 附加调整账户余额 = 被调整账户的实际余额

（3）备抵附加调整账户是指既具有备抵又具有附加调整功能，以求得被调整账户实际余额的账户。“材料成本差异”账户是“原材料”账户的备抵附加账户。

5. 集合分配类账户

集合分配类账户是指用来归集和分配生产经营过程中某个阶段所发生的相关费用的账户。主要有“制造费用”账户。集合分配类账户的基本结构为：借方登记费用的发生额，贷方登记费用的分配额，通常该类账户期末无余额。

集合分配类账户基本结构

借方	贷方
本期发生额：归集本期相关费用的发生额	本期发生额：本期相关费用的分配额

6. 成本计算类账户

成本计算类账户是用来核算生产经营过程中某个阶段所发生的全部费用。主要有：“生产成本”账户、“劳务成本”账户等。成本计算类账户的基本结构为：借方登记生产经营过程中某个阶段所发生的应计入成本的全部费用，贷方登记本期结转的实际成本，如果期末余额在借方，表示尚未完成某阶段的成本计算对象的实际成本。

成本计算类账户基本结构

借方	贷方
期初余额：尚未完成产品的实际成本 本期发生额：本期某阶段发生的应计入成本的全部费用	本期发生额：结转的实际成本
期末余额：尚未完成某阶段的成本计算对象的实际成本	

7. 财务成果类账户

财务成果类账户是指用来核算和监督企业在一定时期内财务成果形成，并确定最终成果的账户。这类账户包括财务成果形成过程账户和财务成果计算账户两类。

（1）财务成果形成过程账户。这类账户能全面反映和监督企业在一定时期内所取得的各种收入、发生的各种费用情况以及结转“本年利润”账户的数额，又分为收入账户和费用账户。

收入类账户是用来核算和监督企业在生产经营过程中某一时期内取得的各项收入的账户。主要有：“主营业务收入”、“营业外收入”、“投资收益”等。收入类账户的基本结构为：贷方登记收入的增加额，借方登记收入的减少额和期末转出额，期末无余额。

收入类账户基本结构

借方	贷方
本期发生额：收入的减少额	本期发生额：收入的增加额
期末转入“本年利润”账户的收入数额	

费用类账户是用来核算和监督企业在生产经营过程中某一时期内所发生的各项费用的账户。主要有：“主营业务成本”、“营业税金及附加”、“销售费用”、“财务费用”、“管理费用”等。费用类账户的基本结构为：借方记成本、费用、支出的增加额，贷方记成本、费用、支出的减少额，期末无余额。

费用账户基本结构

借方	贷方
本期发生额：费用增加额	本期发生额：费用减少额
	期末转入“本年利润”账户的费用数额

（2）财务成果计算账户。典型的财务成果计算类账户是“本年利润”账户。财务成果类账户的基本结构为：贷方登记一定时期内发生的各项收入的数额，借方登记一定时期内发生的各项费用、支出的数额，期末余额在贷方，表示企业盈利；期末余额在借方，表示企业发生亏损。

财务成果类账户基本结构

借方	贷方
本期发生额：期末转入的各项费用、支出数额	本期发生额：期末转入的各项收入数额
期末余额：企业亏损额	期末余额：企业盈利额

8. 计价对比类账户

计价对比账户是对比某项经济业务的两种不同的计价标准，或者对比一项业务的收入和成本费用，借以确定其业务成果的账户。主要有：“本年利润”账户、“固定资产清理”账户、计划成本采购材料核算方式下的“材料采购”账户和计划成本生产方式下的“生产成本”账户等。计价对比账户的基本结构为：借方登记某项经济业务发生的各种支出或损失数额，贷方登记某项经济业务发生的各项收入数额，期末结转无余额。

计价对比类账户基本结构

借方	贷方
本期发生额：某项经济业务发生的各种支出或损失数额 期末转入本期有关账户的净收益额	本期发生额：某项经济业务发生的各项收入数额 期末转入本期有关账户的净损失额

◎ **小结** ◎

会计科目就是对会计对象的具体内容，即会计要素进一步分类核算的项目。账户是根据会计科目设置的，具有一定格式和结构，用于分类反映会计要素增减变动情况及其结果的载体。

账户与会计科目既有联系又有区别。二者的联系是，会计账户与会计科目都是会计对象具体内容的项目分类，性质相同，口径一致。二者的区别是，会计账户具有一定的格式和结构；而会计科目仅仅是会计账户的名称，不存在结构。

账户按经济内容分类，可分为资产类账户、负债类账户、所有者权益类账户、成本类账户、损益类账户五类。账户按照用途和结构可以分为盘存类账户、结算类账户、资本类账户、调整类账户、集合分配类账户、成本计算类账户、财务成果类账户、计价对比类账户。

◎ 技能操作训练 ◎

一、单项选择题

1. 成本类账户如果有余额，这个余额应该属于企业的（　　）。

A. 资产　　B. 负债　　C. 损益　　D. 权益

2. 账户的基本结构应包括（　　）。

A. 借方、贷方、余额　　B. 增加、减少、余额

C. 会计科目、日期、金额　　D. 摘要、日期、金额

3. 设置会计科目的合法性原则是指会计科目的设置应当符合（　　）。

A. 会计法　　B. 企业会计制度

C. 国家统一的会计制度　　D. 会计法规

4. 会计的事中监督是指在经济业务发生过程中（　　）的工作，以督促经济业务的进程按计划进行。

A. 纠错查偏　　B. 查账改账　　C. 财产清查　　D. 账实核对

5. 下列账户中属于损益类账户的是（　　）。

A. 本年利润　　B. 所得税费用　　C. 生产成本　　D. 坏账准备

二、多项选择题

1. 账户是用来记录经济业务的载体，它的作用有（　　）。

A. 分门别类地记载各项经济业务　　B. 提供日常会计核算资料和数据

C. 为编制财务报表提供依据　　D. 根据会计科目来设置

2. 财务费用科目核算的主要内容有（　　）。

A. 利息收入　　B. 利息支出

C. 金融机构划款手续费　　D. 汇兑损益

3. 企业的资金运动包括（　　）。

A. 资金投入　　B. 资金循环　　C. 资金退出　　D. 资金评价

4. 会计科目设置应遵循的原则是（　　）。

A. 合法性　　B. 相关性　　C. 实用性　　D. 一致性

5. 下列账户中与负债账户结构相反的是（　　）。

A. 资产　　B. 费用　　C. 所有者权益　　D. 成本

三、判断题

1. 所有的资产类账户都是借方登记增加额，贷方登记减少额。（　　）

2. 会计科目与同名称的会计账户反映的经济内容相同。（　　）

3. 在境外设立的中国企业向国内报送的财务报表，可以折算为人民币，也可以以外币为单位。(　　)
4. 会计科目是由国家统一的会计制度规定的，各单位必须严格执行，不能增设或减少。(　　)
5. 调整账户与被调整账户的余额方向正好相反。(　　)

学习情境四　运用复式记账法

[学习目标]

通过学习，理解复式记账的原理；能正确运用借贷记账法编制会计分录。

任务1　理解复式记账法

一、复式记账的起源

为了对经济业务进行全面核算和监督，必须设置和运用账户。但为了满足经济管理的需要，提供可靠、相关和系统的经济信息，必须采用一定的记账方法。所谓记账方法就是将所发生的经济业务登记到账簿中的方法。从会计的发展历程看，记账方法按记账形式的不同分为单式记账法和复式记账法两种。

单式记账法是会计发展的最初形式。所谓单式记账法就是对发生的每笔经济业务，都只在一个账户中进行记录的方法。例如，企业用银行存款购买原材料，只在“银行存款”账户中记录减少，至于原材料的收入业务，则不在相关的账户中记录。由此可见，单式记账是一种简单的、不完整的记账方法，它只考虑库存现金、银行存款、债权和债务各方面发生的经济业务，不能全面、系统地反映经济业务的来龙去脉。单式记账法是一种简单、不完整、不科学的记账方法。目前已经很少使用。

复式记账法是从单式记账法发展起来的一种比较完善的记账方法。复式记账法是指对发生的每一项经济业务，都要以相等的金额在相互关联的两个或两个以上账户中进行记录的记账方法。例如，用银行存款购买原材料，不仅要在“银行存款”账户中记录银行存款的减少，而且还要在“原材料”账户中记录原材料增加，同时，要求两个账户中记录的金额要相等。这样，“银行存款”账户和“原材料”账户之间就形成了一种对应关系。再如，企业向银行等金融机构部门借款，期限一年，一方面要在“银行存款”账户中记录款项的增加，另一方面要在“短期借款”账户中记录负债增加。“银行存款”账户与“短期借款”账户之间也形成了一种对应关系。

复式记账法对于完整、系统、正确地反映企业等单位的资金运动，建立严密的核算体系，具有重要意义。首先，复式记账法可以如实地反映经济活动的来龙去脉。其次，利用复式记账法所产生的平衡关系，可以对经济业务进行试算平衡。

二、复式记账法的种类

根据记账符号、记账规则、试算平衡方式的不同，复式记账法分为借贷复式记账法、增减复式记账法和收付复式记账法。其中借贷复式记账法简称借贷记账法，是世界上最早产生的一种复式记账法，为世界各国所通用。目前，我国的企业、行政和事业单位采用的记账方法都是借贷记账法。

三、借贷记账法

借贷记账法是以“借”、“贷”作为记账符号，对所发生的经济业务都以借贷相等的金额在两个或两个以上的相关账户中进行登记的一种复式记账法。借贷记账法的基本内容包括记账符号、账户结构、记账规则、试算平衡等。

（一）记账符号

借贷记账法以“借”、“贷”作为记账符号。“借”、“贷”两字本来含有债权、债务的意思，随着社会商品经济的发展，经济活动的内容日益复杂，记录的经济业务已不再局限于货币资金的借贷业务，而逐渐扩展到财产物资、经营损益等。为了求得账簿记录的统一，对于非货币资金借贷业务，也以“借”、“贷”两字记录其增减变动及其结果。这样“借”、“贷”两字就逐渐失去原来的字面含义，而转化为纯粹的记账符号，用以标明经济业务在账户中记录的方向。

（二）账户结构

在借贷记账法下，账户的基本结构是：左方为借方，右方为贷方。记账时，账户的借贷两方必须做相反方向的记录，即对于每一个账户来说，如果借方用来登记增加额，则贷方就用来登记减少额。反之，亦然。下面分别阐述不同种类账户的结构特点。

1. 资产类账户的结构是：账户借方记录资产的增加额，贷方记录资产的减少额如果有余额一般在借方。资产类账户结构如图 4 –1 所示。

借方	资产类账户 贷方
期初借方余额 本期增加额	本期减少额
本期借方发生额 期末借方余额	本期贷方发生额

图 4 –1 资产类账户结构

资产类账户的期末余额的计算方法如下：

资产类账户期末余额 = 期初余额 + 本期借方发生额 - 本期贷方发生额

2. 负债和所有者权益账户的结构是：账户借方记录负债和所有者权益的减少额，贷方记录负债和所有者权益的增加额，如果有余额一般在贷方。负债与所有者权益类账户结构如图 4 - 2 所示。

借方 负债与所有者权益类账户	贷方
本期减少额	期初贷方余额 本期增加额
本期借方发生额	本期贷方发生额 期末贷方余额

图 4 - 2 负债与所有者权益类账户结构

负债及所有者权益类账户的期末余额的计算方法如下：

负债及所有者权益类账户期末余额 = 期初余额 + 本期贷方生额 - 本期借方发生额

3. 成本费用账户的结构与资产类账户基本相同。账户借方记录成本费用的增加额，贷方记录成本费用转出的数额，该类账户通常没有期末余额。如果因某种情况有余额，一般为借方余额。成本、费用类账户结构如图 4 - 3 所示。

借方 成本、费用类账户	贷方
本期增加额	本期减少额
本期借方发生额	本期贷方发生额

图 4 - 3 成本、费用类账户结构

4. 收入类账户的结构与负债和所有者权益账户基本相同，账户贷方记录收入的增加额，借方记录收入转出（减少）的数额，该类账户期末没有余额。收入类账户结构如图 4 - 4 所示。

借方 收入类账户	贷方
本期减少额	本期增加额
本期借方发生额	本期贷方发生额

图 4 - 4 收入类账户结构

为了便于了解所有账户借贷两方所反映的经济内容，现将上述各类账户的具体结构概括如下，借贷记账法账户基本结构如图 4 - 5 所示。

借方	账户名称 贷方
资产的增加	资产的减少
负债的减少	负债的增加
所有者权益的减少	所有者权益的增加
成本、费用的增加	成本、费用的转出
收入的转出	收入的增加

图 4－5　借贷记账法账户基本结构

(三) 记账规则

借贷记账法的记账规则是“有借必有贷，借贷必相等”。

“有借必有贷”是指任何一笔经济业务，都应在一个账户或几个账户的借方和另一个账户或几个账户的贷方同时进行登记。“借贷必相等”则是指任何一笔经济业务记入借方账户的金额一定等于记入贷方账户的金额。

下面举例说明借贷记账法的记账规则。

【例 4－1】从银行提取现金 2 000 元备用。

该业务发生后，资产项目中的库存现金增加了 2 000 元，资产项目中的银行存款减少了 2 000 元。该业务涉及“库存现金”和“银行存款”两个账户。依据借贷记账法的账户结构特点，该业务登记账户结果如图 4－6 所示。

图 4－6　账户结构

【例 4－2】银行存款 50 000 元购买材料，材料已验收入库。

该业务发生后，资产项目中的原材料增加了 50 000 元，资产项目中的银行存款减少了 50 000 元。该业务涉及“原材料”和“银行存款”两个账户。依据借贷记账法的账户结构特点，该业务登记账户结果如图 4－7 所示。

图 4－7　账户结构

【例 4－3】银行存款 3 000 元支付广告费用。

该业务发生后，费用项目中的销售费用增加了3 000元，资产项目中的银行存款减少了3 000元。该业务涉及“销售费用”和“银行存款”两个账户。依据借贷记账法的账户结构特点，该业务登记账户结果如图4－8所示。

图4－8　账户结构

【例4－4】采购员出差借现金1 000元。

该业务发生后，资产项目中的债权增加了1 000元，资产项目中的库存现金减少了1 000元。该业务涉及“其他应收款”和“库存现金”两个账户。依据借贷记账法的账户结构特点，该业务登记账户结果如图4－9所示。

图4－9　账户结构

【例4－5】采购员出差回来报销差旅费800元，退回现金200元。

该业务发生后，资产项目中的债权减少了1 000元，资产项目中的库存现金增加了200元。费用项目中的管理费用增加了800元。该业务涉及“其他应收款”、“库存现金”和“管理费用”三个账户。依据借贷记账法的账户结构特点，该业务登记账户结果如图4－10所示。

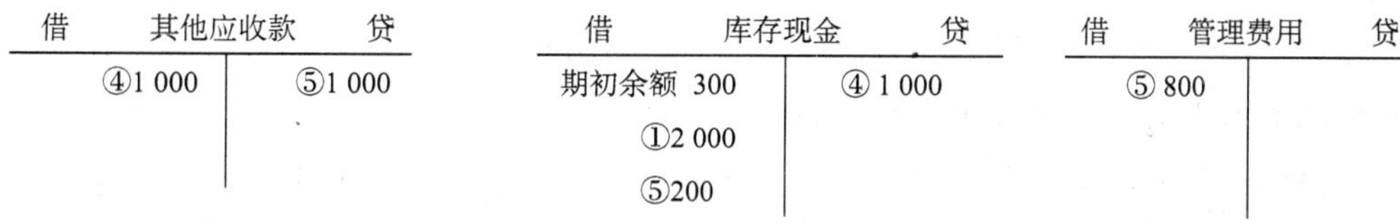

图4－10　账户结构

从以上举例可以看出，无论发生哪一类经济业务，采用借贷记账法记账时，都体现了“有借必有贷，借贷必相等”的记账规则。运用借贷记账法的记账规则记录一笔经济业务时就在有关账户之间形成了应借应贷的相互关系。账户之间的这种相互关系通常被称为账户对应关系，存在对应关系的账户互称为对应账户。为保证账户记录的准确性，应借账户、应贷账户及其金额不是直接记入账户的，而是先根据经济业务所涉及的账户及其应记的借贷方向和金额编制会计分录。

所谓会计分录，是指对每笔经济业务都按复式记账要求分列出应借、应贷账户及其金额的一种记录，简称分录。在实际工作中，会计分录是通过记账凭证加以表现的。

现仍以例 4 - 1 至例 4 - 5 为例，将每项经济业务编制会计分录如下：

【例 4 -1】 从银行提取现金 2 000 元备用。

借：库存现金　　2 000

　　贷：银行存款　　2 000

【例 4 -2】 银行存款 50 000 元购买材料，材料已验收入库。

借：原材料　　50 000

　　贷：银行存款　　50 000

【例 4 -3】 银行存款 3 000 元支付广告费用。

借：销售费用　　3 000

　　贷：银行存款　　3 000

【例 4 -4】 采购员出差借现金 1 000 元。

借：其他应收款　　1 000

　　贷：库存现金　　1 000

【例 4 -5】 采购员出差回来报销差旅费 800 元，退回现金 200 元。

借：库存现金　　200

　　管理费用　　800

　　贷：其他应收款　　1 000

会计分录有两种表现形式，一种是简单会计分录，一种是复合会计分录。

简单会计分录是由一个账户的借方与另一个账户贷方相对应构成，如上述例 4 -1至例 4 -4 所编制的会计分录就是简单会计分录。复合会计分录则涉及两个以上的账户，由一个账户的借方与另外几个账户的贷方或者一个账户的贷方与另外几个账户的借方相对应构成或多个账户的借方与多个账户的贷方相对应构成，如例 4 -5 所编制的会计分录就是复合会计分录。在借贷记账法下，可以编制"一借多贷"或"多借一贷"的会计分录，除经济业务确实需要以外，尽量不要编制"多借多贷"的会计分录，因为"多借多贷"的会计分录无法反映账户之间的对应关系。

（四）试算平衡

试算平衡是根据会计等式的平衡原理，按照记账规则的要求检查账户记录的正确性的一种方法。通常是采用编制总分类账发生额或余额试算平衡表进行的。

借贷记账法的试算平衡，总的讲就是按照借贷平衡的原理进行的。根据这一原理和记账规则的要求，每一笔经济业务的会计分录都是借贷相等，因而当全部经济都记入账户后，所有账户的本期借方发生额合计与本期贷方发生额合计必定相等；所有账户的期末借方余额合计与期末贷方余额合计也必定相等。需要注意的是，上述发生额或余额如果不等，肯定是记账有错；如果相等，一般说来记账是正确的，但借方、贷方都“多记”或者“少记”了相同的金额，或者借方、贷方科目写错，或者借方、贷方科目方向搞错，借贷记账法的试算平衡是检查不出来的。

试算平衡有发生额试算平衡和余额试算平衡两种方法。

1. 发生额试算平衡

发生额试算衡就是通过计算全部账户的借方、贷方发生额是否相等来检验本期账户记录是否正确的方法。其计算公式如下：

全部账户本期借方发生额合计 = 全部账户本期贷方发生额合计

2. 余额试算平衡

余额试算平衡就是通过计算全部账户的借方余额合计与贷方余额合计是否相等来检验本期账户记录是否正确的方法。根据余额时间不同又分为期初余额平衡与期末余额平衡。其计算公式如下：

全部账户的期末（期初）借方余额合计 = 全部账户的期末（期初）贷方余额合计

余额试算平衡的理论依据是“资产 = 负债 + 所有者权益”这一会计恒等式。

在实际工作中，这两种方法通常是在月末结出各个账户的本月发生额和月末余额后，依据上述两个计算公式编制试算平衡表的方法进行的。

下面举例说明编制试算平衡表的方法。

1. 资料：假定某企业 2010 年 6 月 30 日有关账户的余额见表 4 - 1 所示：

表 4 - 1 **有关账户的余额** 单位：元

账户名称	借方余额	账户名称	贷方余额
银行存款	20 000	短期借款	30 000
应收账款	8 000	应付账款	33 000
原材料	60 000	预收账款	5 000
固定资产	80 000	实收资本	100 000
合　计	168 000	合　计	168 000

2. 该企业 7 月发生以下经济业务。

（1）2 日，收回应收账款 8 000 元已存入银行。

借：银行存款　　8 000

　　贷：应收账款　　8 000

（2）5 日，赊购原材料一批，价值 15 000 元，材料已验收入库。

借：原材料　　15 000

　　贷：应付账款　　15 000

（3）10日，向银行借入短期借款30 000元直接偿还所欠材料款。同时以银行存款支付3 000元。

借：应付账款　　　　　　　　　　　　　　　　33 000

　　贷：银行存款　　　　　　　　　　　　　　　　3 000

　　　　短期借款　　　　　　　　　　　　　　　　30 000

（4）收到投资人的投资款50 000元已存入银行。

借：银行存款　　　　　　　　　　　　　　　　50 000

　　贷：实收资本　　　　　　　　　　　　　　　　50 000

3. 将发生的经济业务记入有关账户，并结出各账户的本期发生额和期末余额，填入试算平衡表见表4－2所示。

表4－2　　　　　　　　总分类账户试算平衡表

2010年7月31日　　　　　　　　　　　　单位：元

账户名称	期初余额		本期发生额		期末余额	
	借方	贷方	借方	贷方	借方	贷方
银行存款	20 000		58 000	3 000	75 000	
应收账款	8 000			8 000		
原材料	60 000		15 000		75 000	
固定资产	80 000				80 000	
短期借款		30 000		30 000		60 000
应付账款		33 000	33 000	15 000		15 000
预收账款		5 000				5 000
实收资本		100 000		50 000		150 000
合　计	168 000	168 000	106 000	106 000	230 000	230 000

注意：如果试算平衡表中借贷不平衡，账户计算或记录一定有错误，应查找原因并予以更正，但如果试算平衡，也不能肯定记账没有错误，因为有些记账错误并不影响借贷方的平衡性。如果某项经济业务在有关账户中全部漏记或重记；某项经济业务记错账户，把应借、应贷的账户互相颠倒或者记入有关账户的借贷金额出现多记或少记相同金额的错误，并不影响平衡性。因此，还须做好平时的记账和核对工作，做到记录正确无误。

四、总分类账户和明细分类账户

（一）总分类账户和明细分类账户的意义

为了满足不同使用者对会计信息的不同要求，有必要设置总分类账户和明细分类账户，分别对经济业务进行提供总括会计资料的核算和详细会计资料的核算。

总分类账户与明细分类账户之间存在着控制与被控制的密切关系。总分类账户是其所属明细账户资料的综合，对其所属明细账户起着驾驭的作用；明细分类账户是其总分类账户资料的具体化，对其有关的总分类账户起着补充的作用。由于总分类账户与明细分类账户所记录的是相同的经济业务，只是所反映的资料信息的详略程度不一样。因此，总分类账户与所属明细分类账户必须进行平行登记。即对同一笔经济业务，当其在有关总分类账户中进行总括登记的同时，还必须在所属的各明细分类账户中进行详细的登记。

（二）总分类账户和明细分类账户的平行登记

总分类账户与明细分类账户平行登记的要点具体包括以下几方面。

1. 依据相同。对发生的经济业务，都要以相同的会计凭证为依据，既登记有关总分类账户，又登记其所属明细分类账户。

2. 方向相同。将经济业务记入总分类账和明细分类账时，记账方向必须相同。即总分类账户记入借方，明细分类账户也记入借方；总分类账户记入贷方，明细分类账户也记入贷方。

3. 期间相同。对每项经济业务在记入总分类账户和明细分类账户过程中，可以有先有后，但必须在同一会计期间全部登记入账。

4. 金额相等。记入总分类账户的金额，应与记入其所属明细分类账户的金额合计相等。包括总分类账户本期发生额与其所属明细分类账户本期发生额之合计相等；总分类账户期末余额与其所属明细分类账户期末余额之合计相等。

在会计核算中，并非所有的总分类账户都需要开设明细分类账户，但大多数的总分类账户需要开设明细分类账。设置明细分类账户的基本原则是：既要保证管理的需要，又不应过于烦琐。

现以“应付账款”账户为例，说明总分类账户与明细分类账户在借贷记账法下的平行登记。

（1）2010 年 7 月 31 日，红祥公司“应付账款”账户贷方余额为 66 000 元。其中，明细账户华阳公司贷方余额为 30 000 元，明细账户永兴公司贷方余额为 36 000 元。

（2）2010 年 8 月发生以下相关经济业务。

①从华阳公司赊购材料，价值 10 000 元。

②从永兴公司赊购材料，价值 24 000 元。

③以银行存款 40 000 元偿还华阳公司材料款。

④以银行存款 20 000 元偿还永兴公司材料款。

（3）要求：根据资料对“应付账款”总账账户与所属明细账户平行登记。见表 4－3、表 4－4、表 4－5 所示。

表 4－3　　总分类账

账户名称：应付账款

2010 年		凭证号数	摘要	借方	贷方	借或贷	余额
月	日						
8	1		期初余额			贷	66 000
8	4		从华阳公司赊购材料		10 000		76 000
8	11		从永兴公司赊购材料		24 000		100 000
8	19		偿还华阳公司材料款	40 000			60 000
8	25		偿还永兴公司材料款	20 000			40 000

表 4－4　　应付账款明细分类账

账户名称：华阳公司

2010 年		凭证号数	摘要	借方	贷方	借或贷	余额
月	日						
8	1		期初余额			贷	30 000
8	4		从华阳公司赊购材料		10 000		40 000
8	19		偿还华阳公司材料款	40 000			0

表 4－5　　应付账款明细分类账

账户名称：永兴公司

2010 年		凭证号数	摘要	借方	贷方	借或贷	余额
月	日						
8	1		期初余额			贷	36 000
8	11		从永兴公司赊购材料		24 000		60 000
8	25		偿还华阳公司材料款	20 000			40 000

任务 2　掌握资金筹集业务的核算

［学习目标］

通过学习，理解企业资金运动规律；能够运用借贷记账法对经济业务的发生进行正确的会计处理。

作为制造企业，其主要经济活动按照资金运动的规律可分为以下几个部分：资金筹集、生产准备、产品生产、产品销售、利润形成和分配。

企业资金筹集的渠道主要有两个：一是吸收投资者的资金；二是向银行等金融机构申请借款。

一、投入资金的核算

（一）投入资金核算的账户设置

1. “实收资本”账户

用途：用来核算企业接受投资者投入的实收资本。

性质：所有者权益类账户。

结构：贷方反映企业实际收到的投资者交付的资本金，借方反映企业按法定程序减少的注册资本数额，余额在贷方，反映实收资本总额。

为了反映实收资本总额的构成情况，该账户可按投资者设置明细分类账户，进行明细分类核算。

2. “资本公积”账户

用途：用来核算企业收到投资者出资额超出其在注册资本中所占份额的部分。直接计入所有者权益的利得和损失，也通过本科目核算。

性质：所有者权益类账户。

结构：贷方登记企业各种资本公积的增加额；借方登记资本公积减少的数额；期末余额在贷方，表示企业资本公积的结存数额。

为了加强对资本公积的核算和管理，该账户应当分别按“资本溢价（股本溢价）”和“其他资本公积”设置明细分类账户，进行明细分类核算。

（二）资金投入过程的主要经济业务核算

投入资本是指投资人实际投入企业经营活动的各种财产物资，包括货币、实物和无形资产等。

1. 以货币资金形式投入资本的核算

【例4－6】2010年4月1日，公司收到张明投入资金250 000元，款项已存入银行。

分析：该项经济业务的发生，一方面表明投入资本增加250 000元，记入“实收资本”账户的贷方；另一方面表明银行存款增加250 000元，记入“银行存款”账户的借方。编制如下会计分录：

借：银行存款　　250 000

　　贷：实收资本——张明　　250 000

2. 以实物形式投入资本的核算

【例4－7】2010年4月5日，公司收到三洋公司投入的全新设备一台，价值800 000元。

分析：该项经济业务的发生，一方面表明三洋公司以固定资产作为资本投入800 000元，记入“实收资本”账户的贷方；另一方面表明固定资产增加800 000元，记入“固定资产”账户的借方。编制如下会计分录：

借：固定资产——设备　　800 000

　　贷：实收资本——三洋公司　　800 000

3. 以无形资产形式投入资本的核算

【**例4-8**】2010年4月6日，公司接受远达公司投资的专利权一项，该项专利双方确认价值200 000元，与注册资本中所占份额相等。

分析：该项经济业务的发生，一方面表明无形资产增加了200 000元，记入“无形资产”账户的借方；另一方面实收资本增加了200 000元，记入“实收资本”账户的贷方。编制如下会计分录：

借：无形资产——专利权　　200 000

　　贷：实收资本——远达公司　　200 000

二、借款的核算

企业在生产经营过程中，周转资金不足时，可向银行或其他金融机构借款。企业从银行借入的款项，必须按银行的规定办理借款手续，支付利息，到期归还。

企业向银行等金融机构借入的资金，按归还期的长短不同，可以分为短期借款和长期借款。偿还期限在一年以内的，为短期借款；偿还期在一年以上的为长期借款。

（一）借入资金核算的账户设置

1. “短期借款”账户

用途：用来核算企业向银行或其他金融机构等借入的期限在一年以下（含一年）的各种借款。

性质：负债类账户。

结构：贷方登记借入短期借款数额，借方登记归还短期借款数额，期末贷方余额表示尚未归还的短期借款数额。

为了提供短期借款的详细、具体情况，该账户可按债权人、借款种类设置明细分类账户，进行明细分类核算。

2. “长期借款”账户

用途：用来核算企业向银行或其他金融机构借入的期限在一年以上（不含一年）的各种借款。

性质：负债类账户。

结构：贷方登记企业借入的各种长期借款、应付未付的长期借款以及利息调整的摊销；借方登记企业偿还的长期借款本金、产生的利息调整；期末贷方余额反映企业尚未偿还的长期借款。

为了提供长期借款的详细、具体情况，该账户可按贷款单位和贷款种类，分别按“本金”、“利息调整”等设置明细分类账户，进行明细分类核算。

3. “财务费用”账户

用途：用来核算为筹集生产经营所需资金等而发生的筹资费用，包括利息支出（减利息收入）、汇兑损益以及相关的手续费、发生的现金折扣或收到的现金折扣。

性质：损益类账户。

结构：借方登记发生的财务费用，贷方登记应冲减的财务费用；期末应将该账户余额转入“本年利润”账户，结转后该账户无余额。

为了反映财务费用的构成情况，该账户可按费用项目设置明细分类账户，进行明细分类核算。

4. “应付利息”账户

用途：用来核算企业按照合同约定应支付的利息。

性质：负债类账户。

结构：贷方登记计提的应付利息，借方登记到期支付的利息，期末贷方余额表示尚未支付的应付利息。

为了提供应付利息的详细、具体情况，该账户可按债权人设置明细分类账户，进行明细核算。

（二）借入资金主要经济业务核算

1. 借入短期资金的业务核算

【例4－9】2010年5月1日，公司从工商银行借入2个月的借款60 000元，已存入银行。

分析：该项经济业务的发生，一方面表明因临时借款60 000元，使短期借款增加，记入“短期借款”账户的贷方；另一方面表明银行存款也增加60 000，记入“银行存款”账户的借方。编制如下会计分录：

借：银行存款　　60 000

　　贷：短期借款——工商银行　　60 000

【例4－10】假设上例短期借款年利率为6%，5月31日，预提借款利息。

计提的利息＝60 000×6%÷12＝300（元）

分析：公司提取利息时，一方面表明应付利息增加，记入“应付利息”的贷方；另一方面表明财务费用增加，记入“财务费用”的借方。编制如下会计分录：

借：财务费用——利息　　300

　　贷：应付利息　　300

【例4－11】2010年6月30日，到期一次归还短期借款本息。

计提的利息＝60 000×6%÷12＝300（元）

分析：公司归还本息时，一方面用银行存款归还短期借款并支付借款利息，使银行存款减少；另一方面归还短期借款，使债务减少。同时，因支付借款利息使财务费用增加。编制如下会计分录：

借：短期借款——工商银行　　60 000
　　财务费用——利息　　300
　　应付利息　　300
　　贷：银行存款　　60 600

2. 借入长期资金的业务核算

【例 4 – 12】 2009 年 1 月 1 日，公司因扩大生产经营规模需要，向某银行借入 351 000 元，借款期限为 3 年。

分析：该项经济业务的发生，一方面表明借入资金使银行存款增加了 351 000 元，记入“银行存款”账户的借方；另一方面长期借款增加，记入“长期借款”账户的贷方。编制如下会计分录：

借：银行存款　　351 000
　　贷：长期借款——某银行　　351 000

【例 4 – 13】 假定上述长期借款年利率 10%，利息每年支付。

第一年计提的利息 = 351 000 × 10% = 35 100（元）

分析：公司提取利息时，一方面表明应付利息增加，记入“应付利息”的贷方；另一方面表明公司的财务费用增加，记入“财务费用”的借方。支付利息时，一方面表明企业银行存款减少，记入“银行存款”的贷方；另一方面表明应付利息的减少，记入“应付利息”的借方。编制如下会计分录：

计提利息时：

借：财务费用——利息　　35 100
　　贷：应付利息　　35 100

支付利息时：

借：应付利息　　35 100
　　贷：银行存款　　35 100

【例 4 – 14】 2010 年 12 月 31 日，到期归还本金和第二年利息。

分析：企业用银行存款归还长期借款本金和利息，一方面表明因归还借款而减少了银行存款；另一方面表明长期借款减少了，财务费用增加了。编制如下会计分录：

借：长期借款——某银行　　351 000
　　财务费用——利息　　35 100
　　贷：银行存款　　386 100

任务3　掌握生产准备业务的核算

生产准备是生产经营活动正常进行的前提和基础。企业在生产准备阶段的主要任务一是进行固定资产的购建；二是组织各种材料（原材料、辅助材料）的采购，形成材料储备，支付采购费用，计算采购成本。

一、生产准备业务核算应设置的主要账户

1.“在途物资”账户

用途：用来核算企业采用实际成本进行材料、商品等物资的日常核算、货款已付尚未验收入库的在途物资的采购成本。

性质：资产类账户。

结构：借方登记购入材料、商品实际支付或应支付的金额；贷方登记验收入库的材料、商品的实际成本；期末余额在借方，表示尚未验收入库的在途材料、商品的实际成本。

为了分类计算各种外购材料、商品的采购成本，该账户可按供应单位设置明细分类账户，进行明细分类核算。

2.“原材料”账户

用途：用来核算企业库存的各种材料。

性质：资产类账户。

结构：借方登记验收入库材料的实际成本；贷方登记库存材料发出、领用的实际成本；期末余额在借方，表示企业库存各种材料的实际成本。

为了详细反映库存材料的增减变化及结存情况，该账户应按材料的保管地点（仓库）、品种、类别、规格等设置明细分类账户，进行明细分类核算。

3.“应付账款”账户

用途：用来核算企业因购买材料、商品和接受劳务等经营活动应支付的款项。

性质：负债类账户。

结构：贷方登记企业因购买材料、商品或接受劳务等业务活动导致的应付款项的增加；借方登记应付未付款项的支付情况；期末余额在贷方，表示尚未支付的款项。

为了具体反映应付款项增减变动情况，加强对应付款的核算和管理，企业应按债务人设置明细分类账户，进行明细分类核算。

4.“应付票据”账户

用途：用来核算企业购买材料、商品和接受劳务供应等开出、承兑的商业汇票，

包括银行承兑汇票和商业承兑汇票。

性质：负债类账户。

结构：贷方登记企业开出、承兑的商业汇票金额；借方登记票据到期时企业支付票款的数额；期末余额在贷方，表示企业尚未到期的应付票据数额。

为了加强对应付票据的核算和管理，企业除了按债权人设置明细账户进行明细分类核算外，还应当设置“应付票据备查簿”，逐笔记录应付票据的详细资料。

5. “预付账款”账户

用途：用来核算企业按照合同规定预付的款项。

性质：资产类账户。

结构：借方登记货款的预付及补付数额；贷方登记预付货款的冲销数额；期末余额在借方，表示企业预付的款项；如果出现贷方余额，表示企业尚未补付的款项。

为了加强对预付款的核算和管理，该账户应按供货单位设置明细分类账户，进行明细分类核算。

6. “其他应收款”账户

用途：用来核算企业除应收账款、应收票据、预付账款、应收股利、应收利息、长期应收款以外的其他各种应收、暂付款项。

性质：资产类账户。

结构：借方登记企业其他应收、暂付款项的发生数额；贷方登记其他应收、暂付款项的收回数额；期末余额在借方，表示尚未收回的其他应收、暂付款项数额。

为了加强对其他应收款的核算和管理，该账户可按对方单位（或个人）设置明细账户，进行明细核算。

7. “应交税费”账户

用途：用来核算企业应交纳的各种税费，包括增值税、消费税、营业税、城市维护建设税和所得税等。

性质：负债类账户。

结构：贷方登记企业应交未交的各种税费；借方登记企业实际缴纳的各种税费；期末余额在贷方，表示企业尚未缴纳的各种税费；期末出现借方余额，表示企业多交或尚未抵扣的税费。

为了具体反映各种税费的结算情况，该账户按应缴税费的项目种类设置明细账，进行明细分类核算。

8. “固定资产”账户

用途：用来核算企业固定资产的原价。

性质：资产类账户。

结构：借方登记企业增加的固定资产的原价；贷方登记企业减少的固定资产的

原价；期末借方余额反映企业期末固定资产的账面原价。

为了分类详细核算企业固定资产的组成，企业应当设置“固定资产登记簿”和“固定资产卡片”，按固定资产类别、使用部门和每项固定资产进行明细核算。

9. “在建工程”账户

用途：用来核算企业进行基建工程、安装工程、技术改造工程等在建工程发生的实际支出。

性质：资产类账户。

结构：借方登记企业在建工程的实际支出，贷方登记完工工程转出成本，期末借方余额反映企业尚未达到预定可使用状态的在建工程的成本。

为了详细核算在建工程的组成，“在建工程”账户分别设置建筑工程、安装工程、在安装设备、技术改造工程、大修理工程、其他支出等明细账户进行核算。

二、企业生产准备主要经济业务核算

（一）材料采购的核算

存货的采购成本包括购买价款、相关税费、运输费、装卸费、保险费以及其他可归属于存货采购成本的费用。其中购买价款是指企业购入存货的发票账单上列明的价款，但不包括按规定可以抵扣的增值税进项税额。相关税费是指企业购买、自制或委托加工存货所发生的消费税、资源税和不能从销项税额中抵扣的增值税进项税额等。其他可归属于存货采购成本的费用，即采购成本中除上述各项以外的可直接归属于存货采购成本的费用，如存货采购过程中发生的包装费、运输途中的合理损耗、入库前的挑选整理费用等。这些费用能分清负担对象的，应直接计入存货的采购成本；不能分清负担对象的，应选择合理的分配方法，分配计入有关存货的采购成本。分配方法通常按所购存货的重量或采购价格的比例进行分配。

【例4－15】2010年9月1日，从向阳公司购进甲材料4吨，每吨10 000元，共计40 000元，增值税税率17%，计6 800元。材料尚未验收入库，货款和增值税款均以银行存款支付。

分析：该项经济业务的发生，一方面表明取得了材料的所有权，记入“在途物资”账户的借方，支付的增值税款，记入“应交税费——应交增值税”的借方；另一方面表明材料价款和税款已用银行存款支付，记入“银行存款”账户的贷方。编制如下会计分录：

借：在途物资——甲材料　　40 000

　　应交税费——应交增值税（进项税额）　　6 800

　　贷：银行存款　　46 800

【例4－16】2010年9月25日，公司从向阳公司购进的甲材料验收入库。

分析：材料验收入库，一方面表明库存材料增加，记入“原材料”账户的借方；另一方面表明在途材料减少，记入“在途物资”账户的贷方。编制如下会计分录：

借：原材料——甲材料　　40 000

　　贷：在途物资——甲材料　　40 000

【例4－17】 2010年9月26日，公司从超达公司购进乙材料2 000公斤，每公斤10元，共计20 000元，增值税税率17%，计3 400元。材料已验收入库，货款尚未支付。

分析：该项经济业务的发生，一方面表明乙材料已验收入库，记入“原材料”账户的借方，增值税3 400元，计入“应交税费——应交增值税”的借方；另一方面货款尚未支付，意味着企业对超达工厂的债务相应增加，记入“应付账款”账户的贷方。编制如下会计分录：

借：原材料——乙材料　　20 000

　　应交税费——应交增值税（进项税额）　　3 400

　　贷：应付账款——超达公司　　23 400

【例4－18】 2010年9月28日，从通达公司购进甲材料1 000公斤，每公斤10元；乙材料2 000公斤，每公斤11元；共计32 000元；增值税税率17%，计5 440元。采购过程发生运杂费、装卸费共计3 000元。以银行存款支付，材料已验收入库：

假定本次采购费用按材料重量进行比例分摊，则：

每公斤材料应分摊的采购费用＝3 000/(1 000＋2 000)＝1（元/公斤）

甲材料应分摊的采购费用＝1 000×1＝1 000（元）

乙材料应分摊的采购费用＝2 000×1＝2 000（元）

甲材料实际成本＝10 000＋1 000＝11 000（元）

乙材料实际成本＝22 000＋2 000＝24 000（元）

分析：该项经济业务的发生，一方面表明甲、乙两种材料已验收入库，记入“原材料”账户的借方，增值税记入“应交税费——应交增值税”的借方；另一方面货款以银行存款支付，记入“银行存款”账户的贷方。编制如下会计分录：

借：原材料——甲材料　　11 000

　　　　　——乙材料　　24 000

　　应交税费——应交增值税（进项税额）　　5 440

　　贷：银行存款　　40 440

【例4－19】 2010年9月30日，从通达公司购进甲材料3 000公斤，每公斤10元；增值税税率17%，计5 100元。材料已验收入库，签发期限2个月的商业承兑汇票一张。

分析：该项经济业务的发生，一方面表明库存甲材料的增加，记入“原材料”账户的借方，增值税记入“应交税费——应交增值税”的借方；另一方面签发商业承兑汇票支付，表明企业对供应单位通达公司的债务增加，记入“应付票据”账户的贷方。编制如下会计分录：

借：原材料——甲材料　　30 000
　　应交税费——应交增值税（进项税额）　　5 100
　　贷：应付票据——商业承兑汇票（通达公司）　　35 100

【例4－20】2010年11月30日，商业承兑汇票到期，以银行存款归还通达公司的材料款35 100元。

分析：该项经济业务的发生，一方面表明商业承兑汇票到期付款，记入“应付票据”的借方；另一方面表明银行存款减少，记入“银行存款”账户的贷方。编制如下会计分录：

借：应付票据——商业承兑汇票（通达公司）　　35 100
　　贷：银行存款　　35 100

【例4－21】2010年10月10日，采购员李明因公出差，暂借差旅费1 000元，以现金支付。

分析：职工暂借的差旅费，回来后要报销，如有多余应当归还。在报销之前，暂借款是企业对职工的一种应收款项，但这种应收款项不是因销售产品而发生的，应记入“其他应收款”账户。该项经济业务的发生，一方面表明其他应收款项的增加，记入“其他应收款”账户的借方；另一方面表明库存现金的减少，记入“库存现金”账户的贷方。编制如下会计分录：

借：其他应收款——李明　　1 000
　　贷：库存现金　　1 000

【例4－22】2010年10月15日，采购员李明出差归来，报销差旅费800元，余款交回现金。

分析：该项经济业务的发生，一方面表明差旅费增加800元，库存现金增加200元，记入“管理费用”和“库存现金”账户的借方；另一方面表明其他应收款项的减少，记入“其他应收款”账户的贷方。编制如下会计分录：

借：管理费用——差旅费　　800
　　库存现金　　200
　　贷：其他应收款——李明　　1 000

【例4－23】2010年10月16日，向中阳公司预付采购丙材料款50 000元。

分析：该项经济业务的发生，一方面预付材料款使银行存款减少，记入“银行存款”的贷方；另一方面由于预付款项给中阳公司，形成了对中阳公司的债权，记入“预付账款”的借方。编制如下会计分录：

借：预付账款——中阳公司　　50 000

贷：银行存款　　50 000

【例4－24】2010年10月29日，收到中阳公司发来的丙材料50吨，每吨1 200元，增值税款10 200元。款项本月16日已预付。

分析：该项经济业务的发生，一方面收到中阳公司发来的材料使原材料增加，记入“原材料”账户的借方；另一方面由于预付款形成的对中阳公司的债权减少70 200元，记入“预付账款”账户的贷方。编制如下会计分录：

借：原材料——丙材料　　60 000

应交税费——应交增值税（进项税额）　　10 200

贷：预付账款——中阳公司　　70 200

【例4－25】2010年10月30日，支付中阳公司余款20 200元。

分析：该项经济业务的发生，一方面表明银行存款的减少，记入“银行存款”账户的贷方；另一方面支付余款，增加多冲减中阳公司的债权，记入“预付账款”账户的借方。编制如下会计分录：

借：预付账款——中阳公司　　20 200

贷：银行存款　　20 200

（二）固定资产购进的核算

1. 购入不需要安装的固定资产

企业购入不需要安装的固定资产，按计入固定资产成本的金额，借记“固定资产”账户，贷记“银行存款”账户。

【例4－26】2010年1月，公司购入一台不需安装的生产用设备，取得的增值税专用发票上注明的设备价款为80 000元，增值税进项税额为13 600元，发生的运杂费为400元，款项已通过银行转账支付。

分析：该项经济业务的发生，一方面使固定资产增加，记入“固定资产”账户的借方；另一方面支付设备款使银行存款减少，记入“银行存款”账户的贷方。编制如下会计分录：

借：固定资产——设备　　80 400

应交税费——应交增值税（进项税额）　　13 600

贷：银行存款　　94 000

2. 购入需要安装的固定资产

购入需要安装的固定资产，应先通过“在建工程”账户进行核算，待在建工程达到预定可使用状态时再转入“固定资产”。

【例4－27】如例4－26，假定购入的设备需要安装。

（1）购入设备交付安装时，

借：在建工程——设备　　80 400

应交税费——应交增值税（进项税额） 13 600
贷：银行存款 94 000

（2）以现金支付安装成本 1 000 元。

借：在建工程——设备 1 000
贷：库存现金 1 000

（3）设备达到预定可使用状态，转入固定资产。

借：固定资产——设备 81 400
贷：在建工程——设备 81 400

任务 4 掌握生产过程业务的核算

产品生产过程是制造企业经营活动的中心环节。在生产过程中，生产工人借助于劳动资料，对劳动对象进行加工，制造产品以备销售。企业在生产过程中所发生的各种耗费称为生产费用，主要包括：为生产产品所消耗的原材料、辅助材料、燃料和动力，生产工人的工资及福利费；厂房和机器设备等固定资产的折旧费；管理和组织生产而发生的各种费用。在会计上应将一定时期内所发生的生产费用按产品品种加以对象化，进行归集和分配，以计算该产品的生产成本，其中直接消耗于某种产品，并可直接计入该产品成本的费用称为直接费用；而应由若干种产品共同负担、并应分配计入各种产品成本的费用称为间接费用。对于生产经营过程中，还有一部分与产品生产无直接关系的各项费用称为期间费用，包括管理费用、财务费用和销售费用，期间费用计入当期损益，不计入产品成本。

一、生产过程核算应设置的主要账户

1. “生产成本”账户

用途：用来核算企业进行生产而发生的各项生产成本，包括生产产品、自制材料、自制工具、自制设备。

性质：成本类账户。

结构：借方登记生产过程中发生的各项生产费用，包括费用发生时直接计入的直接费用和期末分配计入的间接费用；贷方登记应结转的完工产品的实际生产成本；期末余额在借方，表示生产过程中尚未完工产品的实际生产成本，即在产品成本。

为了具体反映每一种产品的生产费用构成和实际生产成本情况，该账户应按“基本生产成本”和“辅助生产成本”进行明细核算。基本生产成本应当分别按照基本生产车间和成本核算对象（产品的品种、类别、定单、批别、生产阶段等）设置明细账，并按照规定的成本项目设置专栏。

2. “制造费用”账户

用途：用来核算企业生产车间（部门）为生产产品和提供劳务而发生的各项间接费用。

性质：成本类账户。

结构：借方登记当期发生的各项制造费用数额；贷方登记按一定标准分配转入“生产成本”账户借方并由各种产品负担的制造费用数额；结转后期末一般无余额。

为了考核不同车间的经费开支情况，以及不同产品的制造费用分配标准和数额，该账户应按不同的生产车间、部门和费用项目设置明细分类账户，进行明细分类核算。

3. “管理费用”账户

用途：用来核算企业为组织和管理企业生产经营所发生的管理费用，包括企业在筹建期间内发生的开办费、董事会和行政管理部门在企业的经营管理中发生的或者应由企业统一负担的公司经费（包括行政管理部门职工工资及福利费、物料消耗、低值易耗品摊销、办公费和差旅费等）、工会经费、董事会费（包括董事会成员津贴、会议费和差旅费等）、聘请中介机构费、咨询费（含顾问费）、诉讼费、业务招待费、房产税、车船使用税、土地使用税、印花税、技术转让费、矿产资源补偿费、研究费用、排污费等。

性质：损益类账户。

结构：借方登记当期发生的各项管理费数额；贷方登记转入“本年利润”账户的结转数额；结转后期末无余额。

为了加强对企业管理费用的核算和管理，该账户应按费用项目设置明细分类账户，进行明细分类核算。

4. “财务费用”账户

用途：用来核算企业为筹集生产经营所需资金而发生的筹资费用，包括利息支出（减利息收入）、汇兑损益及相关的手续费、企业发生的现金折扣或收到的现金折扣。

性质：损益类账户。

结构：借方登记财务费用的发生数额；贷方登记应冲减财务费用的利息收入、汇总损益、现金折扣及转入“本年利润”账户的结转数额；结转后期末无余额。

为了加强对财务费用的核算和管理，该账户应按费用项目设置明细分类账户，进行明细分类核算。

5. “库存商品”账户

用途：用来核算企业库存的各种商品的实际成本，包括库存产成品、外购商品。

性质：资产类账户。

结构：借方登记各种已经生产完工产品或外购商品并验收入库的实际成本；贷方登记已经出售的商品的实际生产成本数额；期末余额在借方，表示库存商品的实际生产成本。

为了具体反映库存商品的结构和增减变动情况，该账户应按库存商品的种类、品种和规格设置明细分类账户，进行明细分类核算。

6. “应付职工薪酬”账户

用途：用来核算企业根据有关规定应付给职工的各种薪酬。包括职工工资、奖金、津贴和补贴；职工福利费；医疗保险费、养老保险费、失业保险费、工伤保险费和生育保险费等社会保险费；住房公积金；工会经费和职工教育经费；非货币性福利；因解除与职工的劳动关系给予的补偿；其他与获得职工提供的服务相关的支出。

性质：负债类账户。

结构：贷方登记已分配计入有关成本费用项目的职工薪酬的数额；借方登记实际发放职工薪酬的数额；余额在贷方，表示应付未付的职工薪酬。

为了详细核算企业职工薪酬的构成情况，该账户可按“工资”、“职工福利”、“社会保险费”、“住房公积金”、“工会经费”、“职工教育经费”、“非货币性福利”、“辞退福利”等设置明细分类账户，进行明细分类核算。

7. “累计折旧”账户

用途：用来核算企业固定资产的累计折旧。

性质：资产类账户，属于“固定资产”账户的调整账户。

结构：贷方登记提取折旧的累计增加数；借方登记固定资产减少时应冲销的累计折旧数；期末余额在贷方，表示现有固定资产已提取的累计折旧数。

二、生产过程的主要经济业务核算

【例4－28】公司仓库发出下列材料用于产品制造和其他一般耗用见表4－6所示。

表4－6　　材料耗用汇总表

材料种类 \ 材料用途	甲材料		乙材料		合计
	数量（公斤）	金额（元）	数量（公斤）	金额（元）	金额（元）
产品生产耗用					
A产品	3 000	30 000	2 000	24 000	54 000
B产品	1 000	10 000	2 000	22 000	32 000
小　计	4 000	40 000	4 000	46 000	86 000
车间一般耗用	700	7 000			7 000
管理部门耗用			100	1 100	1 100
合　计	4 700	47 000	4 100	47 100	94 100

分析：该项经济业务的发生，一方面表明材料投入生产经营活动，库存材料储备减少，记入“原材料”账户的贷方。另一方面根据材料的耗用情况，记入相关账户的借方：其中直接用于生产A、B产品的，直接计入产品成本，记入“生产成本”账户的借方；用于车间一般耗用的7 000元，属于间接费用，记入“制造费用”账户的借方；用于行政管理部门的一般耗用1 100元，属于期间费用，记入“管理费用”账户的借方。编制如下会计分录：

借：生产成本——基本生产成本（A产品） 54 000
　　　　　　——基本生产成本（B产品） 32 000
　　制造费用 7 000
　　管理费用 1 100
　　贷：原材料——甲材料 47 000
　　　　　　　——乙材料 47 100

【例4-29】 开出现金支票，从银行提取现金72 000元，准备发放工资薪酬。

分析：该项经济业务的发生，一方面使库存现金增加，记入“库存现金”账户的借方；另一方面使银行存款减少，记入“银行存款”账户的贷方。编制如下会计分录：

借：库存现金 72 000
　　贷：银行存款 72 000

【例4-30】 以现金72 000元发放工资薪酬。

分析：该项经济业务的发生，一方面表示库存现金因支付而减少，记入“库存现金”账户的贷方；另一方面支付了职工工资，意味着企业对职工的负债（应付未付工资）相应地减少，记入“应付职工薪酬”账户的借方。编制如下会计分录：

借：应付职工薪酬——工资 72 000
　　贷：库存现金 72 000

【例4-31】 期末分配本期应付职工薪酬，按职工工资总额的2%和2.5%计提工会经费和职工教育经费。公司内设医务室，根据上年福利费实际发生情况，本公司预计本年应承担的职工福利费义务金额为职工工资总额的2%，职工福利的受益对象为本企业职工。具体分配见表4-7所示。

表4-7　　工资及三费分配表

用途		工资费用	福利费	工会经费	职工教育经费	合计
基本生产车间生产工人	A产品	42 000	840	840	1 050	44 730
	B产品	18 000	360	360	450	19 170
车间管理人员		3 000	60	60	75	3 195
行政管理人员		9 000	180	180	225	9 585
合计		72 000	1 440	1 440	1 800	76 680

分析：该项分配职工薪酬经济业务的发生，一方面表明应付职工薪酬的增加，记入“应付职工薪酬”账户的贷方；另一方面薪酬属于费用成本内容，分配职工薪酬时记入若干相关账户的借方：其中制造甲、乙产品的生产工人的薪酬属于直接费用，直接计入产品成本，记入“生产成本”账户的借方；车间和行政管理人员的薪酬属于间接费用和期间费用，分别记入“制造费用”和“管理费用”账户的借方。编制如下会计分录：

借：生产成本——基本生产成本（A 产品） 44 730
　　　　　　——基本生产成本（B 产品） 19 170
　　制造费用 3 195
　　管理费用 9 585
　　贷：应付职工薪酬——工资 72 000
　　　　　　　　　　——职工福利 1 440
　　　　　　　　　　——工会经费 1 440
　　　　　　　　　　——职工教育经费 1 800

【例 4 -32】 以银行存款支付车间办公费 1 500 元，行政管理部门办公费 900 元。

分析：该项经济业务的发生，一方面表明车间和行政管理部门的费用增加，分别记入“制造费用”、“管理费用”账户的借方；另一方面表明银行存款因支付而减少，记入“银行存款”账户的贷方。编制如下会计分录：

借：制造费用 1 500
　　管理费用 900
　　贷：银行存款 2 400

【例 4 -33】 按照规定提取本期固定资产折旧 12 005 元，其中车间固定资产折旧 8 005元，行政管理部门固定资产折旧 4 000 元。

分析：该项经济业务的发生，一方面表明折旧费的增加，分别记入“制造费用”账户和“管理费用”账户的借方；另一方面固定资产折旧增加，记入“累计折旧”账户的贷方。编制如下会计分录：

借：制造费用 8 005
　　管理费用 4 000
　　贷：累计折旧 12 005

【例 4 -34】 将本期发生的全部制造费用转入产品成本。

本期发生的制造费用 = 7 000 + 3 195 + 1 500 + 8 005 = 19 700（元）

本例按产品生产工人工资为标准，对制造费用进行分配。

A 产品应分配的制造费用 = 19 700 × 42 000 ÷（42 000 + 18 000）= 13 790（元）

B 产品应分配的制造费用 = 19 700 × 18 000 ÷（42 000 + 18 000）= 5 910（元）

分析：制造费用属于间接费用，是产品生产成本的组成部分，期末应将全部间接费用从“制造费用”账户的贷方转入“生产成本”账户的借方，以反映产品的全部生产成本。编制如下会计分录：

借：生产成本——基本生产成本（A 产品） 13 790

——基本生产成本（B 产品） 5 910

贷：制造费用 19 700

【例 4-35】本期 A 产品 100 件全部制造完工，并已经验收入库，按实际生产成本结转。B 产品尚未完工。

分析：该项经济业务说明 A 产品已全部制造完工，并已验收入库；而 B 产品尚未完工。对于 A 产品而言，一方面表明产品生产完成应按实际成本 112 520 元（54 000 + 44 730 + 13 790）结转，记入“生产成本”账户的贷方；另一方面表明库存商品的增加，记入“库存商品”账户的借方。对于 B 产品而言，由于尚未制造完工，尚未成为产成品，故不能转入“库存商品”账户，其已经发生的生产费用 57 080 元（32 000 + 19 170 + 5 910），仍然保留在“生产成本”账户中，成为“生产成本”账户的期末余额，表示 B 产品的在产品的实际生产成本。编制如下会计分录：

借：库存商品——A 产品 112 520

贷：生产成本——基本生产成本（A 产品） 112 520

任务 5 掌握销售过程业务的核算

销售过程是企业产品价值和经营目标得以实现的重要过程。在销售过程中，企业通过产品的销售，实现了商品资金向货币资金的转化，形成了企业的营业收入，使企业的生产成本得到了价值补偿，也为企业生产循环周转的持续进行提供了必要的保证。

企业在销售过程中，发生的会计核算业务主要有：取得营业收入的核算；支付营业费用的核算；确定并结转已销售商品的成本的核算；依法计算并缴纳销售税金及附加的核算等。

一、销售核算应设置的账户

1. “主营业务收入”账户

用途：用来核算企业确认的销售商品、提供劳务等主营业务的收入。

性质：损益类账户。

结构：贷方登记本期销售商品或提供劳务实际收到或应收到的主营业务收入；借方登记企业发生的销售退回和期末结转到“本年利润”账户的数额；结转后期末

无余额。

为了具体反映各种库存商品的销售收入情况，该账户可按主营业务的种类设置明细分类账户，进行明细分类核算。

2. “主营业务成本”账户

用途：用来核算企业确认销售商品、提供劳务等主营业务收入时应结转的成本。

性质：损益类账户。

结构：借方登记已销售商品或提供劳务的实际成本；贷方登记企业应冲减的销售成本和期末结转到“本年利润”账户的成本；结转后期末无余额。

为了加强对商品销售成本的核算和管理，该账户可按主营业务的种类设置明细分类账户，进行明细分类核算。

3. “销售费用”账户

用途：用来核算企业销售商品和材料、提供劳务的过程中发生的各种销售费用，包括保险费、包装费、展览费和广告费、商品维修费、预计产品质量保证损失、运输费、装卸费等，以及为销售本企业商品而专设的销售机构（含销售网点、售后服务网点等）的职工薪酬、业务费、折旧费等经营费用。企业发生的与专设销售机构相关的固定资产修理费用等后续支出，也在本科目核算。

性质：损益类账户。

结构：借方登记当期发生的各种销售费用数额；贷方登记期末转入“本年利润”账户的结转数额；结转后期末无余额。

为了加强对商品销售费用的核算和管理，该账户应按费用项目设置明细分类账户，进行明细分类核算。

4. “营业税金及附加”账户

用途：用来核算企业经营活动发生的营业税、消费税、城市维护建设税、资源税和教育费附加等相关税费。房产税、车船使用税、土地使用税、印花税在“管理费用”科目核算，但与投资性房地产相关的房产税、土地使用税在本科目核算。

性质：损益类账户。

结构：借方登记按规定计算应由企业负担的营业税金及附加；贷方登记期末结转到“本年利润”账户的营业税金及附加；结转后期末无余额。

为了具体反映企业发生的税费情况，该账户应按税费类别设置明细分类账户，进行明细分类核算。

5. “应收账款”账户

用途：核算企业因销售商品、提供劳务等经营活动应收取的款项。因销售商品、提供劳务等，采用递延方式收取合同或协议价款、实质上具有融资性质的，在“长期应收款”科目核算。

性质：资产类账户。

结构：借方登记企业销售商品、提供劳务应该收取的收入、代垫的运杂费、包装箱费等；贷方登记已收回的应收账款；期末余额在借方，表示企业应收而尚未收回的款项。

为了加强对应收账款的核算和管理，该账户可按债务人设置明细分类账户，进行明细分类核算。

6. “应收票据”账户

用途：用来核算企业因销售商品、提供劳务等收到的商业汇票，包括银行承兑汇票和商业承兑汇票。

性质：资产类账户。

结构：借方登记因销售商品、提供劳务等而收到的商业汇票的票面金额；贷方登记到期收回的票面金额；期末余额在借方，表示尚未到期的商业汇票金额。

为了加强对应收票据的核算和管理，该账户依据开出、承兑商业汇票的单位设置明细分类账户，进行明细分类核算。

7. “预收账款”账户

用途：用来核算企业按照合同规定预收的款项。预收账款情况不多的，也可以不设置本科目，将预收的款项直接记入“应收账款”科目。

性质：负债类账户。

结构：贷方登记企业向购货单位实际收取的款项；借方登记企业发出产品的实际数额和退还数额；期末余额若在贷方，表示企业向购货单位预收款项；期末余额若在借方，表示企业应向购货单位收取的款项。

为了加强对预收款的核算和管理，该账户应按购货单位设置明细分类账户，进行明细分类核算。

二、销售过程中主要经济业务的核算

【例4－36】11月1日，公司销售给长江公司A产品100件，每件售价1 000元，货款计100 000元，增值税率17%。货款及增值税款已通过银行收到。

分析：该项经济业务的发生，一方面销售产品使主营业务收入增加，记入“主营业务收入”账户的贷方，同时，增值税记入“应交税费——应交增值税”账户的贷方；另一方面企业因销售使银行存款增加，记入“银行存款”账户的借方。编制如下会计分录：

借：银行存款　　117 000

　　贷：主营业务收入——A产品　　100 000

　　　　应交税费——应交增值税（销项税额）　　17 000

【例4－37】假设上述A产品（化妆品）是应税消费品，根据税法规定按30%

计算应缴消费税。

分析：企业生产应纳消费税的产品在销售时，计提消费税。计提应纳消费税额，一方面记入“营业务税金及附加”账户的借方；另一方面消费税应收而未缴，形成企业的负债，记入“应交税费”账户的贷方。编制如下会计分录：

借：营业税金及附加　　30 000

　　贷：应交税费——应交消费税　　30 000

【例4－38】11月5日，企业销售给大宇集团B产品150件，单价2 000元，价款300 000及17%的增值税款尚未收到。

分析：该项经济业务的发生，一方面主营业务收入增加，记入“主营业务收入”账户的贷方，增值税记入“应交税费——应交增值税”账户的贷方；另一方面企业因尚未收到的价款及增值税款，记入“应收账款”账户的借方。编制如下会计分录：

借：应收账款——大宇集团　　351 000

　　贷：主营业务收入——B产品　　300 000

　　　　应交税费——应交增值税（销项税额）　　51 000

【例4－39】11月6日，以银行存款支付广告费1 000元。

分析：该项经济业务的发生，一方面销售费用增加，记入“销售费用”账户的借方；另一方面银行存款减少，记入“银行存款”账户的贷方。编制如下会计分录：

借：销售费用——广告费　　1 000

　　贷：银行存款　　1 000

【例4－40】11月10日，企业销售给胜利公司B产品一批，价款500 000元，增值税税额85 000元，收到对方开具的商业承兑汇票一张，期限4个月。

分析：该项经济业务的发生，一方面主营业务收入增加，记入“主营业务收入”账户的贷方，增值税记入“应交税费——应交增值税”账户的贷方；另一方面因销售收到商业承兑汇票，记入“应收票据”账户的借方。编制如下会计分录：

借：应收票据——商业承兑汇票（胜利公司）　　585 000

　　贷：主营业务收入——B产品　　500 000

　　　　应交税费——应交增值税（销项税额）　　85 000

【例4－41】11月11日，收到大华公司预付的购货款100 000元。

分析：该项经济业务的发生，一方面银行存款增加，记入“银行存款”账户的借方；另一方面因未向大华公司出售产品，实际形成对大华公司的负债，记入“预收账款”账户的贷方。编制如下会计分录：

借：银行存款　　100 000

贷：预收账款——大华公司 100 000

【例 4 -42】11 月 20 日，企业按照合同向大华公司发出 B 产品，价款 120 000 元，增值税 20 400 元。

分析：该项经济业务的发生，一方面主营业务收入增加，记入“主营业务收入”账户的贷方，增值税记入“应交税费——应交增值税”账户的贷方；另一方面发出商品连同增值税的合计超过了大华公司原先预付的款项，实际形成了大华公司对企业的负债，但企业已设置了“预收账款”账户，因此，新产生的应收款项仍在“预收账款”账户核算，记入“预收账款”账户的借方。编制如下会计分录：

借：预收账款——大华公司 140 4000

贷：主营业务收入——B 产品 120 000

应交税费——应交增值税（销项税额） 20 400

【例 4 -43】11 月 25 日，收到大华公司补付的货款 40 400 元。

分析：该项经济业务的发生，一方面大华公司补付货款，使企业银行存款增加，记入“银行存款”账户的借方；另一方面向大华公司发出货物的价款超过其预付款形成的应收未收款已经收回，记入“预收账款”账户的贷方。编制如下会计分录：

借：银行存款 40 400

贷：预收账款——大华公司 40 400

【例 4 -44】期末结转已销 A、B 两种产品的实际销售成本。A 产品的销售成本为60 000元，B 产品的销售成本为 512 000 元。

分析：该项经济业务的发生，一方面表明库存商品的减少，应记入“库存商品”账户的贷方；另一方面与本期取得商品销售收入相应的产品销售成本也增加了，记入“主营业务成本”账户的借方。编制如下会计分录：

借：主营业务成本 572 000

贷：库存商品——A 产品 60 000

——B 产品 512 000

任务 6 掌握利润形成与分配业务的核算

利润是企业在一定期间的经营成果。它包括两个环节：一是利润的形成，用所有的收入减去所有费用，就形成了利润；二是利润的分配，包括按照《公司法》规定的弥补亏损、提取盈余公积和向股东分配股利或利润等。

一、利润形成的核算

（一）利润的形成

利润是企业在一定会计期间的经营成果，是衡量企业生产经营管理质量的重要综合指标。企业的利润分有以下三个层次：

1. 营业利润

营业利润 = 营业收入 − 营业成本 − 营业税金及附加 − 管理费用 − 财务费用 − 销售费用 − 资产减值损失 + 公允价值变动收益(− 公允价值变动损失) + 投资收益(− 投资损失)

其中，营业收入是指企业经营业务所确认的收入总额，包括主营业务收入和其他业务收入。

营业成本是指企业经营业务所发生的实际成本总额，包括主营业务成本和其他业务成本。

资产减值损失是指企业计提各项资产减值准备所形成的损失。

公允价值变动收益（或损失）是指企业交易性金融资产等公允价值变动形成的应计入当期损益的利得（或损失）。

投资收益（或损失）是指企业以各种方式对外投资所取得的收益（或发生的损失）。

2. 利润总额

利润总额 = 营业利润 + 营业外收入 − 营业外支出

其中，营业外收入是指企业发生的与日常经营活动无直接关系的各项利得。

营业外支出是指企业发生的与日常经营活动无直接关系的各项损失。包括固定资产盘亏、处置固定资产净损失、出售无形资产损失、罚款支出、非常损失、捐赠支出等。

3. 净利润

净利润 = 利润总额 − 所得税费用

其中，所得税费用是指企业确认的应从当期利润总额中扣除的所得税费用。

(二) 利润核算应设置的主要账户

1. “其他业务收入”账户

用途：用来核算企业确认的除主营业务活动以外的其他经营活动实现的收入。包括出租固定资产、出租无形资产、出租包装物和商品、销售材料、用材料进行非货币性交换（非货币性资产具有商业实质且公允价值能够可靠计量）或债务重组等实现的收入。

性质：损益类账户。

结构：贷方登记企业其他业务收入的取得数额；借方登记期末转入“本年利润”账户的结转数额；结转后期末无余额。

为了加强对其他业务收入的核算和管理，该账户可按其他业务收入种类设置明细分类账户，进行明细分类核算。

2. “其他业务成本”账户

用途：用来核算企业确认的除主营业务活动以外的其他经营活动所发生的支出。包括销售材料的成本、出租固定资产的折旧额、出租无形资产的摊销额、出租包装物的成本或摊销额等。

性质：损益类账户。

结构：借方登记其他业务成本的发生数额；贷方登记期末转入“本年利润”账户的结转数额；结转后期末无余额。

为了加强对其他业务成本的核算和管理，该账户应按其他业务成本的种类设置明细分类账户，进行明细分类核算。

3. “营业外收入”账户

用途：用来核算企业发生的各项营业外收入。包括固定资产盘盈、处置固定资产净损益、出售无形资产收益、罚款净收入、非货币交易收益、教育费附加返还款等。

性质：损益类账户。

结构：贷方登记营业外收入的取得数额；借方登记期末转入“本年利润”账户的结转数额；结转后期末无余额。

为了加强对营业外收入的核算和管理，该账户可按营业外收入项目设置明细分类账户，进行明细分类核算。

4. “营业外支出”账户

用途：用来核算企业发生的各项营业外支出。

性质：损益类账户。

结构：借方登记营业外支出的发生数额；贷方登记期末转入“本年利润”账户的结转数额；结转后期末无余额。

为了加强对营业外支出的核算和管理，该账户可按支出项目设置明细分类账户，进行明细分类核算。

5. “投资收益”账户

用途：用来核算企业确认的投资收益或投资损失。

性质：损益类账户。

结构：贷方登记投资收益的取得数额；借方登记投资损失的发生数额；期末应将本账户余额转入“本年利润”账户，结转后期末无余额。

6. “所得税费用”账户

用途：用来核算企业确认的应从当期利润总额中扣除的所得税费用。

性质：损益类账户。

结构：借方登记企业按规定计算出来的所得税费用数额；贷方登记期末转入

“本年利润”账户的所得税费用数额；结转后期末无余额。

7. “本年利润”账户

用途：用来核算企业当期实现的净利润（或发生的净亏损）。

性质：所有者权益类账户。

结构：贷方登记从有关收入类账户转入的数额。借方登记从支出类账户转入的数额。期末余额若为贷方，表示本期实现的净利润；若为借方余额，则表示本期发生的净亏损数。年度终了，应将本年收入和支出相抵后结出的本年实现的净利润全部转入“利润分配”账户。结转后，“本年利润”账户没有余额。

（三）利润核算举例

【例4－45】 11月22日，出售原材料取得收入50 000元，款项存入银行。

分析：该项经济业务属于除主营业务活动以外的其他经营活动，一方面表明其他业务收入的增加，记入“其他业务收入”账户的贷方；另一方面表明银行存款的增加，记入“银行存款”账户的借方。编制如下会计分录：

借：银行存款　　50 000

　　贷：其他业务收入——原材料　　50 000

【例4－46】 计提上述出租固定资产的折旧额30 000元。

分析：该项经济业务的发生，一方面表明固定资产折旧的增加，记入“累计折旧”账户的贷方；另一方面表明其他业务成本增加，记入“其他业务成本”账户的借方。编制如下会计分录：

借：其他业务成本　　30 000

　　贷：累计折旧　　30 000

【例4－47】 11月23日，企业用银行存款支付合同违约金8 000元。

分析：违约金属于营业外支出的内容。该项经济业务的发生，一方面表明营业外支出增加，记入“营业外支出”账户的借方，另一方面表明银行存款的减少，记入“银行存款”账户的贷方。编制如下会计分录：

借：营业外支出——违约金　　8 000

　　贷：银行存款　　8 000

【例4－48】 11月20日，企业接受固定资产捐赠，价款100 000元。

分析：该项经济业务的发生，一方面表明固定资产的增加，记入“固定资产”账户的借方；另一方面表明营业外收入的增加，记入“营业外收入”账户的贷方。编制如下会计分录：

借：固定资产　　100 000

　　贷：营业外收入　　100 000

【例4－49】 11月25日，企业收到被投资方发放的红利30 000元存入银行。

分析：该项经济业务的发生，一方面表明企业对外股权投资收益增加30 000元，记入“投资收益”账户的贷方；另一方面表明银行存款的增加，记入“银行存款”账户的借方。编制如下会计分录：

借：银行存款　　30 000

　　贷：投资收益　　30 000

【例4-50】假定本月发生管理费用91 000元，财务费用18 000元，11月底计算并结转本期利润总额。

营业利润=(1 020 000+50 000)-(572 000+30 000)-30 000-1 000-91 000-18 000+30 000=358 000（元）

利润总额=358 000+500 000-8 000=850 000（元）

借：主营业务收入　　1 020 000

　　其他业务收入　　50 000

　　营业外收入　　500 000

　　投资收益　　30 000

　　贷：本年利润　　1 600 000

借：本年利润　　750 000

　　贷：主营业务成本　　572 000

　　　　其他业务成本　　30 000

　　　　营业税金及附加　　30 000

　　　　销售费用　　1 000

　　　　管理费用　　91 000

　　　　财务费用　　18 000

　　　　营业外支出　　8 000

【例4-51】假定不存在纳税调整事项，按利润总额850 000元计算和结转企业应交所得税费用（所得税率为25%）。

分析：企业应交所得税费用额为：850 000×25% =212 500（元）。这笔经济业务，一方面表明所得税费用增加，记入“所得税费用”账户的借方；另一方面表明应交所得税增加，记入“应交税费——应交所得税”账户的贷方。编制如下会计分录：

借：所得税费用　　212 500

　　贷：应交税费——应交所得税　　212 500

【例4-52】将“所得税费用”账户余额结转到“本年利润”账户。

分析：该项经济业务，一方面表明所得税费用数额的减少，记入“所得税费用”账户的贷方；另一方面表明企业利润总额的减少，记入“本年利润”账户的借方。编制如下会计分录：

借：本年利润 212 500

　　贷：所得税费用 212 500

本月净利润 = 850 000 − 212 500 = 637 500（元）

二、利润分配的核算

（一）公司利润分配顺序

本年实现的净利润，加上年初未分配利润（或减去年初未弥补亏损）和其他转入的余额，为可供分配的利润。按照《中华人民共和国公司法》的规定，企业当年实现的净利润，首先弥补以前年度亏损，对于剩余部分可按下列顺序进行分配：

1. 提取法定盈余公积

公司制企业的法定盈余公积金按照税后利润的10%提取，法定盈余公积累计已达到注册资本的50%时可以不再提取。

2. 分配优先股股利

企业按照利润分配方案分配给优先股股东的现金股利。

3. 提取任意盈余公积

公司从税后利润中提取法定公积金后，经股东会或者股东大会决议，还可以从税后利润中提取任意公积金。

法定盈余公积与任意盈余公积的主要区别在于其各自提取的依据不同。前者以国家的法律或行政法规为依据提取，后者由企业自行决定提取。公司的盈余公积金可用于弥补公司的亏损、扩大公司生产经营或者转增公司资本。法定公积金转为资本时，所留存的该项公积金不得少于转增前公司注册资本的25%。

4. 向投资者分配利润

股东会、股东大会或者董事会违反规定，在公司弥补亏损和提取法定公积金之前向股东分配利润的，股东必须将违反规定分配的利润退还公司。

（二）利润分配核算的账户设置

1. “利润分配”账户

用途：用来核算企业利润的分配（或亏损的弥补）和历年分配（或弥补）后的余额情况。

性质：所有者权益类账户。

结构：借方登记企业按规定比例提取的盈余公积，应付现金股利或利润及年末由“本年利润”账户转入的本年累计亏损数额；贷方登记盈余公积弥补的亏损数额及年末由“本年利润”账户转来的本年累计净利润数额。年末如为贷方余额，即表示历年结存的未分配利润数额；如为借方余额，则表示历年结存的未弥补亏损数额。

为了加强对利润分配的核算和管理，该账户可按“提取法定盈余公积”、“提取任意盈余公积”、“应付现金股利或利润”、“转作股本的股利”、“盈余公积补亏”和“未分配利润”等设置明细分类账户，进行明细核算。

2. “盈余公积”账户

用途：用来核算企业从净利润中提取的盈余公积。

性质：所有者权益类账户。

结构：贷方登记盈余公积的提取数额；借方登记盈余公积的使用数额（包括弥补企业亏损或转增资本等）；期末余额在贷方，表示企业提取的盈余公积结存数额。

为了加强对盈余公积的核算和管理，该账户可按“法定盈余公积”、“任意盈余公积”设置明细分类账户，进行明细分类核算。

3. “应付股利”账户

用途：用来核算企业应付给投资者的现金股利（股份制企业）或利润（非股份制企业）。

性质：负债类账户

结构：贷方登记企业计算的应支付给投资者的现金股利（或利润），借方登记企业实际支付的现金股利或利润；余额在贷方，表示应付未付的现金股利或利润。

【例4－53】年度终了时，企业将全年实现的净利润7 650 000元转入利润分配。

分析：该项经济业务的发生，一方面表明利润的转出，记入“本年利润”账户的借方，另一方面表明可供分配利润的增加，记入“利润分配”账户的贷方。编制如下会计分录：

借：本年利润　　7 650 000

　　贷：利润分配——未分配利润　　7 650 000

【例4－54】企业按净利润的10%提取法定盈余公积，5%提取任意盈余公积。

分析：该项经济业务的发生，一方面表明可供分配利润的减少，记入“利润分配”账户的借方；另一方面表明提取的盈余公积增加，记入“盈余公积”账户的贷方。编制如下会计分录：

借：利润分配——提取法定盈余公积　　765 000

　　　　　　——提取任意盈余公积　　382 500

　　贷：盈余公积——法定盈余公积　　765 000

　　　　　　　　——任意盈余公积　　382 500

【例4－55】结转“利润分配”的明细科目。

借：利润分配——未分配利润　　1 147 500

　　贷：利润分配——提取法定盈余公积　　765 000

——提取任意盈余公积 382 500

假定年初未分配利润为贷方 1 300 000 元，计算企业当年未分配利润。

未分配利润 = 年初未分配利润 + 本年实现净利润 - 本年分配的利润

= 1 300 0000 + 7 650 000 - 1 147 500 = 7 802 500（元）

【例 4-56】 根据股东大会的决议宣告，将净利润的 20% 分配给股东。

分析：该项经济业务的发生，一方面表明可供分配利润的减少，记入“利润分配”账户的借方；另一方面表明负债增加了，记入“应付股利”账户的贷方。编制如下会计分录：

借：利润分配——应付现金股利 1 530 000

贷：应付股利 1 530 000

【例 4-57】 以银行存款支付现金股利 1 530 000 元。

分析：该项经济业务的发生，一方面表明存款减少了，记入“银行存款”账户的贷方；另一方面表明负债也减少了，记入“应付股利”账户的借方。编制如下会计分录：

借：应付股利 1 530 000

贷：银行存款 1 530 000

◎ 小结 ◎

复式记账法是指对发生的每一项经济业务，都要以相等的金额在相互关联的两个或两个以上账户中进行记录的记账方法。复式记账法分为借贷复式记账法、增减复式记账法和收付复式记账法。我国的企业、行政和事业单位采用的记账方法都是借贷记账法。

借贷记账法是以“借”、“贷”作为记账符号，对所发生的经济业务都以借贷相等的金额在两个或两个以上的相关账户中进行登记的一种复式记账法。借贷记账法的基本内容包括记账符号、账户结构、记账规则、试算平衡等。

会计分录是指对每笔经济业务都按复式记账要求，分列出应借、应贷账户及其金额的一种记录，简称分录。

总分类账户与明细分类账户平行登记的要点具体包括：依据相同、方向相同、期间相同、金额相等。总分类账户期末余额与其所属明细分类账户期末余额之合计相等。

制造企业主要经济活动按照资金运动的规律可分为资金筹集、生产准备、生产产品、销售产品、利润形成和分配。

企业资金筹集的渠道主要有两个：一是吸收投资者的资金；二是向银行等金融机构申请借款。在生产准备阶段，会计核算主要包括固定资产增加的核算、物资采购的核算及物资采购成本的确定。在生产过程中，重点计算该产品的生产成本，包括直接费用和间接费用。在销售过程中，会计核算业务主要有：取得营业收入的核算；支付营业费用的核算；确定并结转已销售商品生产成本的核算；依法计算并缴纳销售税金及附加的核算等。利润是企业在一定会计期间的经营成果，是衡量企业生产经营管理质量的重要综合指标。

◎ 技能操作训练 ◎

一、单项选择题

1. 能通过试算平衡查找的是（　　）。

A. 重记经济业务　　B. 漏记经济业务

C. 借贷方向相反　　D. 借贷金额不等

2. 借贷记账法下不宜编制对应关系不清楚的（　　）会计分录。

A. 一借一贷　　B. 一借多贷　　C. 多借一贷　　D. 多借多贷

3. 根据复式记账法的要求，对每一项经济业务都要在（　　）相互联系的账户中进行登记。

A. 一个　　B. 两个　　C. 两个或两个以上　　D. 至少三个

4. 历史成本计价适用于（　　）。

A. 盘亏的固定资产　　B. 盘盈的固定资产

C. 新建的固定资产　　D. 毁损的固定资产

5. 借贷记账法下的余额试算平衡法是由（　　）决定的。

A. “有借必有贷，借贷必相等”的记账规则　　B. 平行登记的要求

C. 账户结构特点　　D. “资产 = 权益”的基本恒等式

6. 短期借款利息费用按月计提时，一般应借记“财务费用”账户，贷记（　　）账户。

A. 应付利息　　B. 其他应付款　　C. 预提费用　　D. 本年利润

7. 某一般纳税人企业购入一台设备，增值税专用发票上注明买价 10 000 元，增值税 1 700 元，另支付运杂费 300 元，安装调试费 1 000 元，现已投入使用，该项固定资产的原价应为（　　）。

A. 10 000 元　　B. 11 300 元　　C. 11 700 元　　D. 13 000 元

8. 下列各项中，属于工业企业的其他业务收入的是（　　）。

A. 罚款收入　　B. 出售固定资产收入

C. 出租无形资产收入　　D. 保险赔偿收入

9. 企业的净利润是（　　）。

A. 利润总额减所得税费用的差额　B. 利润总额减应交所得税的差额
C. 利润总额减向投资者分配的利润的差额　D. 利润总额减提取的盈余公积的差额

10. “本年利润”账户属于（　）。
A. 资产类账户　B. 负债类账户　C. 所有者权益账户　D. 损益类账户

11. 期末，应将“其他业务收入”账户的余额结转到（　）账户。
A. 主营业务收入　B. 其他业务支出　C. 本年利润　D. 利润分配

12. “制造费用”账户分配结转后，该账户（　）。
A. 无余额　B. 余额在借方
C. 余额在贷方　D. 余额方向不固定

13. “利润分配”账户按其反映的经济内容应属于（　）账户。
A. 资产类　B. 负债类　C. 所有者权益类　D. 损益类

14. 企业从净利润中提取公积金，应通过（　）账户核算。
A. 公积金　B. 公益金　C. 盈余公积　D. 应付股利

15. 下列不属于期间费用的有（　）。
A. 制造费用　B. 管理费用　C. 财务费用　D. 销售费用

16. “累计折旧”账户的贷方余额表示（　）。
A. 折旧的减少数　B. 折旧的增加数
C. 折旧的累计数　D. 固定资产的累计增加数

17. 不应计入营业利润的是（　）。
A. 管理费用　B. 销售费用　C. 所得税费用　D. 投资收益

18. “利润分配”账户在年终结转后出现贷方余额表示（　）。
A. 累计未弥补亏损　B. 累计未分配利润
C. 已分配利润　D. 已实现的利润

二、多项选择题

1. 某项经济业务发生后，一个资产账户记借方，则有可能（　）。
A. 另一个资产账户记贷方　B. 另一个负债账户记贷方
C. 另一个所有者权益账户记贷方　D. 另一个资产账户记借方

2. 会计分录的要素有（　）。
A. 会计科目　B. 记账符号　C. 金额　D. 借方和贷方

3. 下列属于成本类账户的有（　）。
A. 生产成本　B. 主营业务成本　C. 其他业务成本　D. 制造费用

4. 借贷记账法的贷方表示（　）。
A. 资产的增加　B. 成本的减少
C. 所有者权益的增加　D. 负债的增加

5. 下列各项中应列做管理费用处理的是（　　）。

A. 印花税　　B. 消费税

C. 房产税　　D. 城镇土地使用税

6. “生产成本”账户（　　）。

A. 是用以归集产品生产所发生的全部生产费用并据以计算产品的生产成本的账户

B. 借方登记月份内发生的全部生产费用

C. 贷方登记转入“库存商品”账户的完工产品成本

D. 月终如有借方余额，表示尚未完工产品的成本

7. 下列费用成本账户中，月末一般无余额的有（　　）。

A. 生产成本　　B. 销售费用　　C. 管理费用　　D. 财务费用

8. “应付职工薪酬”可按（　　）等进行明细核算。

A. 工资　　B. 职工福利

C. 社会保险费　　D. 非货币性福利

9. 关于“实收资本”账户，说法正确的有（　　）。

A. 属所有者权益账户

B. 期末贷方余额表示投资者投资的实有数额

C. 借方登记所有者投资的减少额

D. 贷方登记所有者投资的增加额

三、判断题

1. 一个复合分录可以分解为几个单式分录。（　　）

2. 资产与权益之和在数量上始终是相等的。（　　）

3. 通过试算平衡来检查账户记录是否正确，如果试算平衡，则说明记账没有错误。（　　）

四、实务训练

实务训练（一）

1. 目的：练习资金筹集业务的核算。

2. 资料：辽东公司 2011 年 1 月发生以下经济业务：

（1）公司收到张三投资款 1 000 000 元。

（2）因资金紧张，向某银行申请 6 个月借款 200 000 元，存入银行存款账户。

（3）上述借款年利率 6%，计算提取本月的借款利息。

（4）以银行存款偿还到期短期借款 100 000 元，利息 2 500 元（已预提 2 000 元）。

3. 要求：根据以上业务编制会计分录。

实务训练（二）

1. 目的：练习生产准备过程的核算。

2. 资料：辽东公司 2011 年 1 月份发生以下经济业务：

（1）购入不需要安装的设备一台，增值税专用发票上注明买价 50 000 元，进项税额 8 500 元，另发生运杂费 300 元，全部款项已用银行存款支付。

（2）行政人员李四预借差旅费 1 000 元，以现金支付。

（3）从银行提取现金 40 000 元备发工资。

（4）企业购入甲材料价款 80 000 元，增值税进项税额 13 600 元，运杂费 200 元，材料价款及运杂费已经通过银行支付，材料尚未验收入库。

（5）企业以银行存款支付前欠供应单位的购料款 72 000 元。

（6）以银行存款预付福华公司购料款 81 000 元。

（7）李四出差归来，报销差旅费 799 元，余款退回财务部门。

3. 要求：根据以上业务编制会计分录。

实务训练（三）

1. 目的：练习产品生产过程的核算。

2. 资料：辽东公司 2011 年 1 月份发生以下经济业务：

（1）根据发出材料汇总表分配材料费用。

材料种类 / 材料用途	甲材料		乙材料		合计
	数量（公斤）	金额（元）	数量（公斤）	金额（元）	金额（元）
产品生产耗用					
A 产品	2 000	20 000	1 000	12 000	32 000
B 产品	1 000	10 000	1 500	18 000	28 000
车间一般耗用	700	7 000			7 000
管理部门耗用			100	1 100	1 100
合　计	3 700	37 000	2 600	31 100	68 100

（2）以现金发放本月工资 40 000 元。

（3）分配本月职工工资 40 000 元，其中：A 产品生产工人工资 18 000 元，B 产品生产工人工资 12 000 元，车间管理人员工资 5 000 元，行政管理人员工资 5 000 元。

（4）分别按工资总额的 1.5%、2%、2.5% 计提福利费、工会经费、职工教育经费。

（5）以银行存款支付水电费 20 000 元，其中：生产 A 产品负担 8 000 元，B 产品负担 6 000 元，生产车间负担 4 000 元，管理部门负担 2 000 元。

（6）本月计提固定资产折旧费 15 200 元，其中：生产车间固定资产折旧费 12 200 元，行政管理部门固定资产折旧费 3 000 元。

（7）将本月发生的制造费用，按生产工人工资分配给甲乙两种产品。

（8）本月生产的 A 产品 1 000 件及 B 产品 500 件全部完工，已验收入库。

3. 要求：根据上述业务编制会计分录。

实务训练（四）

1. 目的：练习产品销售过程的核算

2. 资料：辽东公司 2011 年 1 月发生以下经济业务：

（1）销售给长城公司甲产品 400 件，单位售价 200 元，货款 80 000 元，增值税税率 17%，款项尚未收到。

（2）销售给务实公司乙产品 300 件，单位售价 300 元，货款 90 000 元，增值税税率 17%，收到对方公司开具的商业承兑汇票一张。

（3）以银行存款支付广告费 10 000 元。

（4）结转已售甲产品 400 件的生产成本，每件单位生产成本 76.18 元；结转已售出乙产品 300 件的生产成本，每件单位生产成本 116.24 元。

（5）出售多余材料 1 000 元，增值税额 170 元，款项已收到。该材料购入成本 800 元。

（6）根据本月份应缴的增值税计提城市维护建设税 487.90 元，教育费附加 209.10 元。

3. 要求：根据上述业务编制会计分录。

实务训练（五）

1. 目的：练习利润形成与分配的核算。

2. 资料：辽东公司 2010 年 12 月份发生下列经济业务：

（1）月末，各损益类账户的本期发生额如下：

主营业务收入	170 000 元（贷方）
其他业务收入	1 000 元（贷方）
主营业务成本	65 344 元（借方）
其他业务成本	800 元（借方）
营业税金及附加	697 元（借方）
销售费用	10 000 元（借方）
管理费用	12 199 元（借方）
财务费用	1 500 元（借方）

（2）按利润总额的 25% 计算应缴纳的企业所得税。

（3）按净利润的 10% 计提法定盈余公积。

3. 要求：根据上述资料编制会计分录。

项目二　基于工作过程的会计核算

 学习情境五　填制并审核会计凭证

[学习目标]

通过学习，会正确填制会计凭证并对其进行审核；熟悉会计凭证的种类和内容；了解会计凭证的意义、传递与保管方法。

会计凭证是记录经济业务事项的发生和完成情况、明确经济责任的书面证明，也是登记账簿的依据。填制和审核会计凭证是会计核算方法之一，是会计核算工作的起点和基础，在会计核算中具有重要的意义。第一，记录经济业务，提供记账依据；第二，明确经济责任，强化内部控制；第三，监督经济活动，控制经济运行。会计凭证根据填制的程序和用途不同，包括原始凭证和记账凭证。

任务1　取得并审核原始凭证

一、取得原始凭证

原始凭证又称单据，是用来记录和证明经济业务的发生和完成情况，明确经济责任的书面证明。

（一）原始凭证的分类

1. 原始凭证按来源不同，分为自制原始凭证和外来原始凭证。

（1）自制原始凭证

自制原始凭证是由单位内部有关部门和人员，在执行或完成某项经济业务时填制的凭证。如收料单、领料单、限额领料单、产品入库单、产品出库单、借款单、工资单等。借款单的一般格式见表 5 – 1 所示。

表 5－1

借 款 单

年 月 日　　　　　　　　　　第 号

借款单位		借款事由	
借款金额：人民币（大写）			¥______
单位负责人意见		借款人	
会计主管人员意见		备注	

会计主管：　　　　复核：　　　　出纳：

（2）外来原始凭证

外来原始凭证是在经济业务发生或完成时，从其他单位或个人取得的原始凭证。如购买材料时取得的增值税专用发票，向外单位支付款项时取得的收据，职工出差时取得的火车票等。增值税专用发票的一般格式见表 5－2 所示。

表 5－2

增值税专用发票

№ 03356266

发票联　开票日期：　年　月　日

<table>
<tr><td rowspan="4">购货单位</td><td>名　称</td><td colspan="4"></td><td rowspan="4">密码区</td><td colspan="2" rowspan="4"></td></tr>
<tr><td>纳税人识别号：</td><td colspan="4"></td></tr>
<tr><td>地址、电话</td><td colspan="4"></td></tr>
<tr><td>开户银行及账号</td><td colspan="4"></td></tr>
<tr><td colspan="2">货物或应税劳务名称</td><td>规格型号</td><td>单位</td><td>数量</td><td>单价</td><td>金额</td><td>税率</td><td>税额</td></tr>
<tr><td colspan="2">合计</td><td></td><td></td><td></td><td></td><td></td><td></td><td></td></tr>
<tr><td colspan="2">价税合计（大写）</td><td colspan="7">（小写）¥</td></tr>
<tr><td rowspan="4">销货单位</td><td>名　称</td><td colspan="4"></td><td rowspan="4">备注</td><td colspan="2" rowspan="4"></td></tr>
<tr><td>纳税人识别号</td><td colspan="4"></td></tr>
<tr><td>地址、电话</td><td colspan="4"></td></tr>
<tr><td>开户银行及账号</td><td colspan="4"></td></tr>
</table>

第二联 发票联

收款人：　　　　复核：　　　　开票人：　　　　销货单位：

2. 按填制方法不同，原始凭证分为一次原始凭证、累计原始凭证、汇总原始凭证和记账编制凭证四种。

（1）一次原始凭证

一次原始凭证是一次记录一项或若干项同类经济业务的原始凭证。一次原始凭证填制手续一次完成。所有的外来原始凭证和大部分自制原始凭证都属于一次原始凭证，如收料单、领料单、发票、收据、火车票等。领料单的一般格式见表 5－3 所示。

表 5－3

领　料　单

领料单位：　　　　　　　　　　　　　　　　　　　　　第　　号

领料用途：　　　　　　　年　　月　　日　　　　　　　发料仓库：

材料类别	材料编号	材料名称和规格	单位	数量		单价	金额
				请领	实领		
备注						合计	

领料部门负责人：　　　　领料：　　　　记账：　　　　发料：

（2）累计原始凭证

累计原始凭证是指在一定时期内多次记录发生的同类经济业务的原始凭证。累计原始凭证是多次有效的凭证，其填制手续不是一次完成，特点是在一张凭证内可以多次登记相同性质的经济业务，随时结出发生额累计数和余额，期末根据累计数进行记账，便于同计划定额进行比较，从而控制成本费用的发生。限额领料单是一种典型的累计原始凭证。限额领料单的一般格式见表 5－4 所示。

表 5－4

限额领料单

领料单位：一车间　　　　　　　　　　　　　　　　　　第 130 号

领料用途：生产甲产品　　　　201 ×年 9 月　　　　　　发料仓库：3 号库

材料类别	材料编号	材料名称及规格	计量单位	单价	领用限额	实际领用	
						数量	金额（元）
黑色金属	2008	20m/m 圆钢	千克	5.00	1000	980	4900.00
供应部门负责人（签章）				生产计划部门负责人（签章）			
领料日期	请领数量	实发数量	发料人	领料人	限额结余	退料数量	退料经办人
9.1	200	200			800		
9.5	200	200			600		
9.10	200	200			400		
9.20	200	200			200		
9.28	180	180			20		
合计	980	980			20		

（3）汇总原始凭证

汇总原始凭证是将一定时期内反映同类经济业务的若干张同类原始凭证按照一定标准加以汇总后编制的原始凭证。汇总原始凭证将同类经济业务进行了汇总，可以简化记账工作量。常用的汇总原始凭证有发出材料汇总表、工资结算汇总表、差旅费报销单等。发出材料汇总表见表 5－5 所示。

表 5－5 **发出材料汇总表**

年 月 日 第 号

借方科目		贷方科目		
		原材料	包装物	合计
生产成本	1—10 日			
	11—20 日			
	21—31 日			
	小计			
制造费用	1—10 日			
	11—20 日			
	21—31 日			
	小计			
管理费用	1—10 日			
	11—20 日			
	21—31 日			
	小计			
合 计				

财务主管： 复核： 记账： 制表：

3. 按照格式不同，原始凭证分为通用凭证和专用凭证。

（1）通用凭证。通用凭证是指由有关部门统一印制、在一定范围内使用的具有统一格式和使用方法的原始凭证。通用凭证的使用范围因制作部门不同而异。可以是某一地区、某一行业，也可以是全国通用。如某省（市）印制的发货票、收据等，在该省（市）通用；由人民银行制作的银行转账结算凭单，在全国通用等。

（2）专用凭证。专用凭证是指单位自行印制、仅在本单位内部使用的原始凭证。如领料单、差旅费报销单、折旧计算表、工资费用分配表等。

4. 按照经济业务的内容，原始凭证分为款项收付业务凭证、出入库业务凭证、成本费用业务凭证、购销业务凭证和固定资产业务凭证。

（1）款项收付业务凭证。款项收付业务凭证是指记录现金和银行存款收付增减等业务的原始凭证。这类凭证既有外来的，也有自制的，但多为一次性凭证，如现金借据、现金收据、领款单、车船机票、银行支票等。

（2）出入库业务凭证。出入库业务凭证是指记录材料、产成品出入库等情况的原始凭证。这类凭证可以是一次性凭证，也可以是累计凭证，如入库单、领料单、提货单等。

（3）成本费用业务凭证。成本费用业务凭证是指记录产品生产费用的发生和分配情况的原始凭证。这类凭证大都是内部自制凭证，如工资单、折旧费用分配表、制造费用分配表、产品成本计算表等。

（4）购销业务凭证。购销业务凭证是指记录材料物品采购或劳务供应、商品销售情况的原始凭证。有自制的凭证，也有外来的凭证，如发票、运费单据等。

（5）固定资产业务凭证。固定资产业务凭证是指记录固定资产的购置、调拨、报废和盘盈、盘亏情况的原始凭证。如固定资产调拨单、固定资产报废单和固定资产盘盈、盘亏报告单等。

（二）原始凭证的基本内容

由于经济业务的内容和经济管理的要求不同，原始凭证的内容和格式也多种多样，但是各种原始凭证都应反映经济业务的完成和执行情况，明确经办单位和人员的经济责任，因此一般应具备以下基本内容：①原始凭证的名称，如收料单、入库单等；②原始凭证的日期；③经济业务的内容摘要；④经济业务内容（包括数量、单价和金额等）；⑤填制单位签章；⑥有关经办人员签章；⑦接受凭证单位的名称。

在实际工作中，为了满足经营管理的需要，除上述内容之外，还可增加其他必要的内容。如为了控制计划、预算的执行情况，在限额领料单上注明计划定额情况等。

（三）原始凭证的填制要求

原始凭证是编制记账凭证的依据，是会计核算的原始资料，其填制正确与否，直接影响会计核算工作的质量。因此，各种原始凭证在填制时都应符合规定的要求。

1. 原始凭证填制的基本要求

（1）记录真实。原始凭证填制的经济业务内容必须与实际情况完全相符，不得弄虚作假。

（2）内容完整。原始凭证各个项目必须填列齐全，不得遗漏和省略。日期应按照填制原始凭证的实际日期填写；名称要完整，不能简化；品名或用途要填写明确，不能含糊不清；有关签章必须齐全。

（3）手续完备。自制原始凭证必须有经办单位领导人或其他指定人员的签名或盖章；对外开出的原始凭证必须加盖本单位的公章；从外单位取得的原始凭证必须有填制单位的公章和填制人员的签名或盖章。总之，各种原始凭证必须手续完备，以明确经济责任，保证凭证的真实性与合法性。

(4) 填制及时。每项经济业务发生或完成时，应及时填制或取得原始凭证，并按规定程序及时送交会计部门，经有关人员审核后据以编制记账凭证。这样既可以保证会计信息的时效性，又可以防止出现差错和舞弊现象。

(5) 书写规范。原始凭证的文字、数字要按规定填写，文字简明，字迹清晰，易于辨认，不得使用未经国务院公布的简化汉字，大小写金额的填写要符合规范。填写过程中如出现文字或数字错误，不得涂改、刮擦或挖补，应按规定的方法予以更正。对于某些重要的原始凭证，原始凭证金额有错误的，应当由出具单位重开，不得在原始凭证上进行更正。

原始凭证的填制（需要复写的除外），必须使用钢笔或碳素笔书写，套写的凭证应一次套写清楚，不得串行、串格。

(6) 编号连续。使用印有编号的原始凭证，应按照编号连续使用，以备查考。如果凭证已预先印定编号，如发票、收据等，在作废时应加盖“作废”戳记并和其他各联放在一起妥善保管，不得撕毁。

2. 原始凭证填制的具体技术要求

(1) 阿拉伯数字的书写要求

阿拉伯数字应当一个一个清晰地书写，不得连笔。10 个阿拉伯数字要严格区分，不得相互混淆。易于混淆的数字如 1 与 7，3 与 5，5 与 8，0 与 6 等更需特别注意。书写时一般要求数字上端向右倾斜，倾斜度以 60 度左右为宜。

(2) 货币符号的书写要求

阿拉伯数字前面应书写货币币种符号或货币名称简写，币种符号与阿拉伯数字之间不得留有空白，凡阿拉伯数字前有币种符号的，数字后面不再写货币单位。人民币符号以“ ¥ ”表示。

(3) 金额数字的书写要求

阿拉伯金额数字一律填写到角分，无角分的，写“00”或“—”；有角无分的，分位写“0”，不得使用符号“—”。

汉字大写数字金额如零、壹、贰、叁、肆、伍、陆、柒、捌、玖、拾、佰、仟、万、亿等一律用正楷或者行书书写，不得自造简化汉字。大写金额前未印有“人民币”字样的，应加写“人民币”字样，“人民币”字样与大写金额之间不得留有空白。大写金额数字到元或者角的，在元或者角字后应当写“整”或“正”字；大写金额数字有分的，分字后面不写“整”或“正”字。如 ¥12 340.00，大写金额应为“人民币壹万贰仟叁佰肆拾元整（正)”；如 ¥123.80，大写金额应为“人民币壹佰贰拾叁元捌角整（正)”。阿拉伯数字金额中间有“0”时，汉字大写金额应写“零”字；阿拉伯数字金额中间连续有几个“0”时，汉字大写金额中可以只写一个

"零"字（如¥2 008.80，大写金额为"贰仟零捌元捌角整"）；阿拉伯数字金额元位是"0"，但角位不是"0"时，汉字大写金额可以只写一个"零"字，也可以不写"零"字，如¥3 050.67，大写金额应为"叁仟零伍拾元陆角柒分"或者"叁仟零伍拾元零陆角柒分"。银行结算制度规定的结算凭证、企业的发票、收据、提货单、运单、合同、契约、以及其他规定需要填列大写金额的各种凭证，必须填大写金额，不得只填小写金额。

二、审核原始凭证

为了正确的反映和监督经济业务的发生和完成情况，保证会计信息的质量，会计机构和会计人员必须加强对原始凭证的审核。原始凭证的审核主要包括以下几个方面：

1. 真实性的审核

原始凭证真实性的审核包括：原始凭证的日期是否真实、经济业务内容是否真实、数据是否真实等。对外来原始凭证必须有填制单位公章和填制人员签章；对自制原始凭证，必须有经办部门和经办人员的签名或盖章；对通用原始凭证，还应审核凭证本身是否真实，防止造假。

2. 合法性的审核

原始凭证合法性的审核是指审核原始凭证所记录的经济业务是否有违反国家法律法规的情况，是否符合会计凭证的传递和审核程序。

3. 合理性的审核

合理性的审核是指审核原始凭证所记录的经济业务是否符合企业生产经营状况，是否符合企业的计划和预算安排等。

4. 完整性的审核

完整性的审核是指审核原始凭证各项目是否齐全，手续是否齐备等。

5. 正确性的审核

正确性的审核是指审核原始凭证的内容是否正确，特别是金额的计算和填写是否正确。

6. 及时性的审核

原始凭证的及时性是会计信息及时性的保障。因此，要求经济业务发生时及时取得和填制原始凭证，特别是对时效性要求比较强的原始凭证，应审核其签发日期是否符合要求，如支票、银行汇票、银行本票等。

经过审核的原始凭证应根据不同情况进行相应的处理：

（1）对于完全符合要求的原始凭证，应及时据以编制记账凭证并登记入账。

（2）对于真实、合法、合理但内容不完整、填写有错误的原始凭证，应退回有关经办人员，并由其负责将有关凭证补充完整、更正错误或重开后，再办理正式会计手续。

（3）对于不真实、不合法的原始凭证，会计机构和会计人员有权不予接受，并向单位负责人报告。

任务2 填制审核记账凭证

一、填制记账凭证

记账凭证又叫记账凭单，是会计人员根据审核无误的原始凭证编制的，用来确定会计分录，作为登记账簿依据的书面文件。记账凭证是登记账簿的直接依据。

（一）记账凭证的分类

1. 记账凭证按使用范围不同，可分为专用记账凭证和通用记账凭证。

（1）专用记账凭证，是专门用于记录某一类经济业务的记账凭证。专用记账凭证按其所记录的经济业务是否与现金和银行存款的收付有关，分为收款凭证、付款凭证和转账凭证三种。

①收款凭证。收款凭证是用来记录现金和银行存款收款业务的记账凭证。收款凭证根据现金和银行存款收款业务的原始凭证填制。其格式见表5－6所示。

表5－6 **收款凭证**

出纳编号____

借方科目： 年 月 日 收字第____号

摘要	贷方科目		金额									记账符号	
	总账科目	明细科目	百	十	万	千	百	十	元	角	分		
合计													

附凭证 张

会计主管 稽核 记账 制证 出纳

②付款凭证。付款凭证是用于记录现金和银行存款减少业务的记账凭证。付款凭证根据现金和银行存款付款业务的原始凭证填制。其格式见表5－7所示。

表 5－7

付 款 凭 证

出纳编号____

贷方科目：　　　　　　　　年　　月　　日　　　　　　付字第____号

摘　要	借方科目		金　额									记账符号	
	总账科目	明细科目	百	十	万	千	百	十	元	角	分		
合　计													

附凭证　张

会计主管　　　稽核　　　记账　　　制证　　　出纳

③转账凭证。转账凭证是用于记录不涉及现金和银行存款收付业务的记账凭证。转账凭证由会计人员根据记录现金和银行存款收付以外的经济业务的原始凭证填制。其格式见表 5－8 所示。

表 5－8

转 账 凭 证

年　　月　　日　　　　　　转字第____号

摘要	借方		贷方		金　额									记账符号	
	总账科目	明细科目	总账科目	明细科目	百	十	万	千	百	十	元	角	分		
合　计															

附凭证　张

会计主管　　　稽核　　　记账　　　制证

收款凭证、付款凭证和转账凭证的划分，有利于区别不同经济业务类型分别进行管理，便于对经济业务的检查和监督，适用于规模较大、收付款业务较多的单位。对于规模较小、收付款业务较少的单位，可以采用通用记账凭证来记录全部经济业务。

（2）通用记账凭证，是用于记录各种经济业务的记账凭证。采用通用记账凭证的单位，不再根据经济业务的种类分别填制收款凭证、付款凭证和转账凭证，而是将所有的经济业务都在同一格式的记账凭证中进行填制，其格式与转账凭证的格式基本相同，见表 5－9 所示。

表 5－9

记 账 凭 证

年　　月　　日　　　　　　　　　　第___号

<table>
<tr><td rowspan="2">摘要</td><td colspan="2">借方</td><td colspan="2">贷方</td><td colspan="9">金　额</td><td colspan="2">记账符号</td></tr>
<tr><td>总账科目</td><td>明细科目</td><td>总账科目</td><td>明细科目</td><td>百</td><td>十</td><td>万</td><td>千</td><td>百</td><td>十</td><td>元</td><td>角</td><td>分</td><td></td><td></td></tr>
<tr><td></td><td></td><td></td><td></td><td></td><td></td><td></td><td></td><td></td><td></td><td></td><td></td><td></td><td></td><td></td><td></td></tr>
<tr><td></td><td></td><td></td><td></td><td></td><td></td><td></td><td></td><td></td><td></td><td></td><td></td><td></td><td></td><td></td><td></td></tr>
<tr><td></td><td></td><td></td><td></td><td></td><td></td><td></td><td></td><td></td><td></td><td></td><td></td><td></td><td></td><td></td><td></td></tr>
<tr><td></td><td></td><td></td><td></td><td></td><td></td><td></td><td></td><td></td><td></td><td></td><td></td><td></td><td></td><td></td><td></td></tr>
<tr><td colspan="5">合　计</td><td></td><td></td><td></td><td></td><td></td><td></td><td></td><td></td><td></td><td></td><td></td></tr>
</table>

附凭证　张

会计主管　　　　稽核　　　　记账　　　　制证

2. 记账凭证按填制方法不同，分为复式记账凭证、单式记账凭证和汇总记账凭证。

（1）复式记账凭证

复式记账凭证是将一笔经济业务所涉及的全部会计科目都记录在同一张记账凭证上的记账凭证。复式记账凭证能够集中反映账户之间的对应关系，便于了解经济业务的来龙去脉，并且可以减少填制记账凭证的数量，但是不便于汇总每一账户的发生额和分工记账。上述收款凭证、付款凭证和转账凭证及通用记账凭证都是复式记账凭证。

（2）单式记账凭证

单式记账凭证是指根据每笔经济业务所涉及的每个会计科目分别填制的记账凭证。由于每张记账凭证只填列一个会计科目，因而单式记账凭证便于汇总每个会计科目的发生额和进行分工记账，但是填制记账凭证的工作量较大，而且不便于反映经济业务的全貌，不便于查账。

（3）汇总记账凭证

汇总记账凭证是将若干同类记账凭证逐日或定期（3 天、5 天、10 天等）汇总后填制的记账凭证。如将收款凭证、付款凭证和转账凭证按一定的时间间隔分别汇总后填制的汇总收款凭证、汇总付款凭证和汇总转账凭证；又如将一定时期内的记账凭证按相同会计科目的借方和贷方分别汇总编制的记账凭证汇总表（又称科目汇总表）。科目汇总表的一般格式见表 5－10 所示。

表 5-10

科目汇总表

汇字第____号

年 月 日至 日

附件____张

会计科目	借方金额	贷方金额	会计科目	借方金额	贷方金额
合 计			合 计		

会计主管 记账 审核 制表

会计凭证的分类如图 5-1 所示。

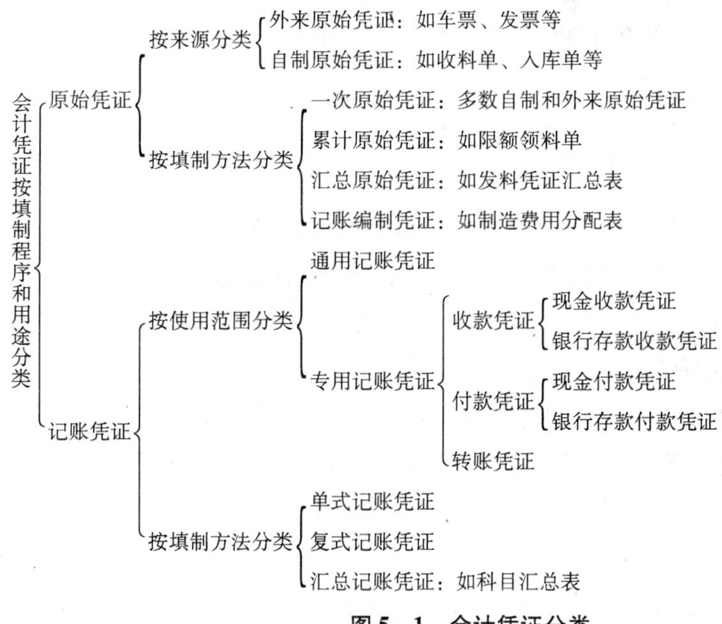

图 5-1 会计凭证分类

（二）记账凭证的基本内容

由于各单位规模大小及对会计核算的繁简程度要求不同，记账凭证的格式也不尽相同。但各种记账凭证应具备以下基本内容（也称基本要素）：①记账凭证的名称，如“收款凭证”、“付款凭证”、“转账凭证”等；②填制记账凭证的日期；③记账凭证的编号；④经济业务的内容摘要；⑤会计科目（包括一级科目、二级科目和明细科目）、记账方向和金额；⑥记账标记；⑦所附原始凭证的张数（或称附件）；⑧制证、审核、记账、出纳、会计主管等有关人员的签章。

1. 记账凭证的填制要求

（1）内容完整：记账凭证的各项内容必须完整。

（2）编号连续：记账凭证应连续编号。

（3）书写规范：记账凭证的书写应清楚规范，其相关规定同原始凭证。

（4）填制依据：记账凭证应根据审核无误的原始凭证填制，可以根据每一张原始凭证填制，或根据若干张同类原始凭证汇总填制，或根据原始凭证汇总表填制。但不得将不同内容和类别的原始凭证汇总填制在一张记账凭证上。

（5）除结账和更正错误的记账凭证可以不附原始凭证外，其他记账凭证必须附有原始凭证。

（6）错误更正：若填制记账凭证时发生错误，应重新填制；若记账后在当年内发现错误，按照错账更正法进行更正；若记账后以后年度发现错误，按照会计差错更正法处理。

（7）空行注销：填完经济业务事项后，记账凭证如有空行，应当自金额栏最后一笔金额数字下的空行处至合计数上的空行处划线注销。

2. 记账凭证的填制方法

（1）专用记账凭证的填制

①收款凭证的填制

收款凭证一般应根据反映库存现金和银行存款收款业务的原始凭证填制。收款凭证左上角的“借方科目”根据收款的性质填写“库存现金”或“银行存款”；“日期”是指填制记账凭证的日期；右上角填写记账凭证的编号；“摘要”填写对经济业务事项的简要说明；“贷方科目”填写与库存现金或银行存款相对应的科目；“记账”是指该记账凭证已经登记账簿的标记，以防该经济业务重记或漏记；“金额”是指该项经济业务事项的发生额；“附件×张”是指该记账凭证所附原始凭证的张数；凭证下边是有关人员的签章，以明确经济责任。

②付款凭证的填制

付款凭证一般应根据反映库存现金和银行存款付款业务的原始凭证填制。付款凭证的填制方法与收款凭证基本相同，区别在于将左上角的“借方科目”换成“贷方科目”，凭证里边的“贷方科目”换成“借方科目”。

注意：对于涉及现金和银行存款之间的经济业务，如将现金存入银行或从银行提取现金，为避免重复入账，一般只编制付款凭证，不编收款凭证。即将现金存入银行填制“现金付款凭证”，从银行提取现金填制“银行存款付款凭证”。

出纳人员根据收款凭证收款，或根据付款凭证付款时，要在凭证上加盖“收讫”或“付讫”的戳记，以免重收或重付。

③转账凭证的填制

转账凭证根据记录现金和银行存款收付以外的业务的原始凭证填制。转账凭证将经济业务事项中涉及的所有会计科目按照先借后贷的顺序计入“会计科目”一栏中的“一级科目”和“二级科目或明细科目”，并按照应借、应贷的方向分别记入“借方金额”或“贷方金额”。其他项目的填列方法与收款凭证相同。

如果单位的库存现金和银行存款收、付款业务较多，可以将专用记账凭证分设五类，即现金收款凭证、现金付款凭证、银行存款收款凭证、银行存款付款凭证和转账凭证。

（2）通用记账凭证的填制

通用记账凭证的填制方法与转账凭证基本相同。

注意：在采用专用记账凭证时，收、付、转各种凭证应当分别编号，即收款凭证按“收字第××号”，付款凭证按“付字第××号”，转账凭证按“转字第××号”分别编号。当采用五种格式时，应按五种格式分别编号，即现金收款凭证按“现收字第××号”，现金付款凭证按“现付字第××号”，银行存款收款凭证按“银收字第××号”，银行存款付款凭证按“银付字第××号”，转账凭证按“转字第××号”分别编号。当采用通用记账凭证时，则对所有记账凭证采用统一编号。记账凭证无论是分类编号还是统一编号，均应分月份按自然数字顺序连续编号。通常一张记账凭证编一个号，不得跳号或重号。一笔经济业务需要填制两张以上记账凭证时，可以采用分数编号法编号。如第 6 号记账凭证需要填制两张记账凭证，则第一张编号为6（1/2），第二张编号为6（2/2）。

二、审核记账凭证

为了保证会计信息的质量，记账凭证在登记账簿之前必须由有关稽核人员进行严格的审核。其审核内容主要包括如下几方面：

1. 内容是否真实

审核记账凭证是否附有原始凭证，检查二者内容是否一致。

2. 项目是否齐全

审核记账凭证各个项目的填写是否齐全，包括日期、编号、摘要、会计科目、金额、附件及有关人员的签章等。

3. 会计科目是否正确

审核记账凭证的会计科目是否符合国家相关规定，使用是否正确。

4. 金额是否正确

审核记账凭证的金额与原始凭证是否一致，计算是否正确。

5. 书写是否符合要求

审核记账凭证的书写是否规范，包括文字书写是否工整，数字是否清晰等。

任务3 传递与保管会计凭证

一、正确组织会计凭证传递的意义

会计凭证的传递，是指会计凭证从取得或填制时起至归档保管过程中，在单位内部有关部门和人员之间的传递程序和传递时间。会计凭证的传递是会计核算有效进行的前提，要求能够满足内部控制制度的需要，既使传递程序合理有效，又能节约传递时间，减少传递的工作量，其意义在于：

1. 正确组织会计凭证的传递，有利于及时反映经济业务的完成或执行情况。
2. 正确组织会计凭证的传递，有利于加强经营管理责任制。

二、会计凭证传递的内容

会计凭证传递的具体内容包括传递程序和传递时间。

1. 传递程序

会计凭证的传递程序是指会计凭证在企业内部有关部门及人员之间传递的线路。各单位应根据经济业务的特点、内部机构的设置和人员分工的情况及经营管理的需要，设置本单位的会计凭证传递程序。例如，在收料单的传递程序中应规定如下：材料到达企业后多长时间验收入库，收料单由谁填制，一式几联，各联有何用途，何时传递到会计部门，由谁负责审核收料单，由谁据以编制记账凭证、登记账簿及将收料单整理归档等。

2. 传递时间

会计凭证的传递时间是指会计凭证在企业内部有关部门及人员中停留及传送的时间。各单位应根据经济业务的特点和有关部门及人员办理手续的需要，合理确定会计凭证的传递时间。既要保证各有关部门及人员有充足的时间办理业务，又不能使凭证积压，导致提供会计信息不及时。

三、会计凭证的保管

会计凭证的保管是指会计凭证记账后的整理、装订、归档和存查等工作。会计凭证作为记账的依据，是重要的会计档案和经济资料，因此应对会计凭证妥善保管，不得丢失或任意销毁，以备日后查阅。

会计凭证的保管既要做到安全和完整，又要便于事后查阅，其保管要求如下：

1. 记账凭证据以记账完毕后，应按照分类和编号顺序保管，不得散乱丢失。将原始凭证附在有关记账凭证后面，用曲别针或大头针别在一起，防止丢失。

2. 记账凭证应定期装订成册，妥善保管。会计部门依据记账凭证记账后，应定期（每天、每旬或每月）将各种记账凭证按照编号顺序进行分类整理，将记账凭证及其所附原始凭证一起加具封面、封底，装订成册，并在装订线上加贴封签，由装订人员在封签上签名或盖章。

封面上应注明：单位的名称、记账凭证的种类、起讫号数、张数、共几册等，所属年度、月份，会计主管人员及保管人员的签章等。会计凭证封面的一般格式见表5－11所示。

表5－11 **记账凭证封面**

年　　月

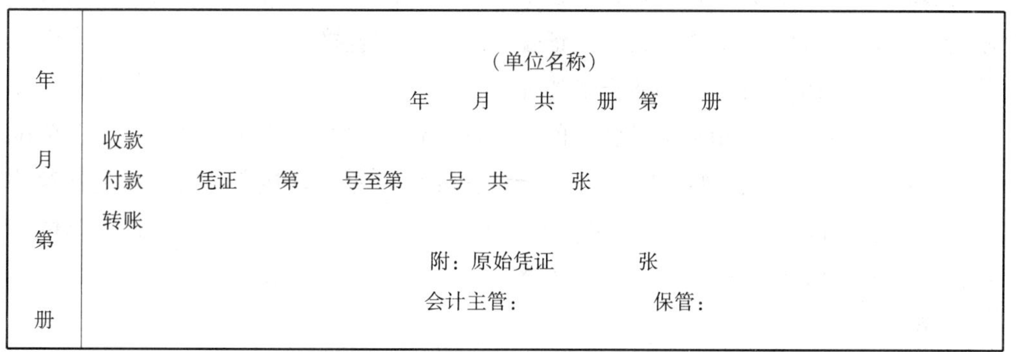

年 月 第 册	（单位名称） 年　月　共　册　第　册 收款 付款　凭证　第　号至第　号　共　张 转账 附：原始凭证　张 会计主管：　保管：

3. 装订好的会计凭证应加贴封条，防止抽换。原始凭证不得外借，外单位如有特殊原因确需使用时，可以复制。向外单位提供的原始凭证复制件，应在备查簿上登记，并由提供人和收取人共同签名、盖章。

从外单位取得的原始凭证丢失时，应取得原签发单位盖有公章的证明，并注明原始凭证的编号、金额、内容等，由经办单位会计机构负责人（会计主管人员）和单位负责人批准后代作原始凭证。确实无法取得证明的，应由当事人写明详细情况，由经办单位会计机构负责人（会计主管人员）和单位负责人批准后代作原始凭证。

4. 原始凭证较多时可单独装订。如入库单、领料单等数量较多的原始凭证，可以不附在记账凭证的后面，单独装订保管，要在封面注明记账凭证的种类、编号、日期等，同时在记账凭证上注明“附件另订”及原始凭证的名称、编号。对于某些重要的原始凭证，如押金收据、提货单等，为方便随时查阅，应单独保管，并在有关记账凭证和原始凭证上注明日期和编号。

装订成册的会计凭证年度终了后可暂由会计机构保管一年，期满后应由本单位档案管理机构统一保管；未单独设立档案管理机构的，应在会计机构内部指定专人保管。出纳人员不得监管会计档案。

5. 会计凭证不得任意销毁。应严格遵守会计凭证的保管期限要求，期满前不得任意销毁。

◎ 小结 ◎

会计凭证是记录经济业务事项的发生和完成情况、明确经济责任的书面证明，也是登记账簿的依据。根据填制的程序和用途不同，会计凭证分为原始凭证和记账凭证两大类。

原始凭证是用来记录和证明经济业务的发生和完成情况，明确经济责任的书面证明。原始凭证按来源不同，分为自制原始凭证和外来原始凭证。

记账凭证是会计人员根据审核无误的原始凭证编制的，用来确定会计分录，作为登记账簿依据的书面文件。记账凭证是登记账簿的直接依据。记账凭证按使用范围不同分为专用记账凭证和通用记账凭证。

会计凭证的传递是指从会计凭证的取得或填制时起至归档保管过程中，在单位内部有关部门和人员之间的传送程序。会计凭证的传递要能够满足内部控制制度的要求，使传递程序合理有效，同时尽量节约传递时间，减少传递的工作量。单位应根据具体情况制定每一种凭证的传递程序和方法。

◎ 技能操作训练 ◎

一、单项选择题

1. 下列不属于原始凭证构成要素的是（　　）。

A. 经济业务内容　B. 会计科目　C. 填制日期　D. 有关人员签章

2. 记账凭证由（　　）填制。

A. 会计人员　B. 出纳人员　C. 业务经办人员　D. 会计主管人员

3. 下列属于累计原始凭证的是（　　）。

A. 发料凭证汇总表　B. 限额领料单　C. 记账凭证汇总表　D. 入库单

4. 对于现金和银行存款之间相互划转的业务应编制（　　）。

A. 收款凭证　B. 付款凭证　C. 转账凭证　D. 记账凭证

5. 下列属于外来原始凭证的是（　　）。

A. 入库单　B. 收料单　C. 购货发票　D. 工资结算汇总表

二、多项选择题

1. 专用记账凭证包括（　　）。

A. 收款凭证　　B. 付款凭证　　C. 转账凭证　　D. 记账凭证

2. 会计凭证按填制程序和用途不同分为（　　）。

A. 原始凭证　　B. 记账凭证　　C. 累计凭证　　D. 转账凭证

3. 原始凭证按来源不同分为（　　）。

A. 外来原始凭证　B. 一次原始凭证　　C. 自制原始凭证　　D. 累计原始凭证

4. 下列各项内容中，属于记账凭证审核内容的有（　　）。

A. 金额是否正确　B. 项目是否齐全　　C. 科目是否正确　　D. 内容是否真实

5. 下列属于原始凭证审核内容的有（　　）。

A. 合法性　　B. 合理性　　C. 完整性　　D. 正确性

三、判断题

1. 会计凭证的保管是指会计凭证记账后的整理、装订、归档和存查工作。(　　)
2. 企业从外单位取得的原始凭证遗失且无法取得证明的，应由当事人写明详细情况，由会计机构负责人、会计主管人员和单位负责人批准后，方可代作原始凭证。(　　)
3. 在填制记账凭证时，误将6 500元记为5 600元，在登账前发现，则应采用划线更正法。(　　)

学习情境六 登记会计账簿

[学习目标]

会正确登记日记账、总分类账、明细分类账，会查找并更正错账；了解会计账簿的意义、种类、会计账簿的更换与保管方法。

任务1 建账

一、会计账簿的概念和意义

填制和审核会计凭证，可以将每天发生的经济业务记录下来。但是由于会计凭证数量繁多，比较零散，不便于会计信息的系统反映，为了连续、系统、全面的核算和监督单位的经济活动，应设置会计账簿。

会计账簿简称账簿，是由一定格式的账页组成，以审核无误的会计凭证为依据，用来连续、系统、全面的反映各项经济业务的簿籍。设置和登记账簿，是编制财务会计报告的基础，是连接会计凭证和财务会计报告的中间环节，在会计核算工作中具有重要意义。

1. 账簿可以提供连续、系统、全面的会计信息。

通过设置和登记账簿，可以将经济业务进行序时或分类的核算，将分散的会计资料加以系统化，并按时间先后顺序连续反映企业各方面的总括和详细的资料，从而加强企业经营管理。

2. 通过账簿记录，可以检查、校正会计信息。

在永续盘存制下，通过盘存结果与账面数额的核对，可以检查账面记录是否正确，并进行相应的调整，保证账实相符，从而提供真实的会计信息。

3. 账簿可以为编制财务会计报告提供数据资料。

正确无误的账簿资料是编制财务会计报告的基础。为反映一定时点的财务状况和一定时期的经营成果，各单位应定期进行对账和结账，计算出账簿中各有关账户的本期发生额合计数和余额，据以编制财务会计报告，向有关方面提供财务状况、经营成果和现金流量等方面的信息。

二、会计账簿的种类

《会计法》第三条规定：各单位必须依法设置会计账簿，并保证其真实、完整。由于经济业务的复杂性及经营管理的要求不同，企业设置的账簿格式也多种多样。会计账簿可按用途、账页格式和外形等不同标准进行分类。

（一）会计账簿按用途分类

会计账簿按其用途不同，可以分为序时账簿、分类账簿和备查账簿三类。

1. 序时账簿，又称日记账，是按照经济业务发生时间的先后顺序逐日逐笔进行登记的会计账簿。序时账簿按其记录经济业务的范围不同可分为普通序时账簿和特种序时账簿。普通序时账簿也称普通日记账，是一种用来记录全部经济业务的日记账。特种序时账簿也称特种日记账，是用来记录某一类经济业务的日记账。如用来记录现金收付业务及其结存情况的现金日记账，记录银行存款收付业务及其结存情况的银行存款日记账和用来记录转账业务的转账日记账都是特种日记账。由于经济业务的复杂性，用一本账簿逐日逐笔登记全部或所有转账业务不利于分工，也不便于会计监督，因此，我国企业一般不设置普通日记账和转账日记账。现金日记账和银行存款日记账的一般格式见表 6－1 和表 6－2 所示。

表 6－1　　**现金日记账**

<table>
<tr><th colspan="2">年</th><th colspan="2">记账凭证</th><th rowspan="2">摘　要</th><th rowspan="2">对方科目</th><th rowspan="2">借方</th><th rowspan="2">贷方</th><th rowspan="2">余额</th></tr>
<tr><th>月</th><th>日</th><th>字</th><th>号</th></tr>
<tr><td></td><td></td><td></td><td></td><td></td><td></td><td></td><td></td><td></td></tr>
<tr><td></td><td></td><td></td><td></td><td></td><td></td><td></td><td></td><td></td></tr>
</table>

表 6－2　　**银行存款日记账**

户名________　账号________

<table>
<tr><th colspan="2">年</th><th colspan="2">凭证</th><th rowspan="2">摘　要</th><th rowspan="2">对方科目</th><th colspan="2">结算凭证</th><th rowspan="2">借方</th><th rowspan="2">贷方</th><th rowspan="2">余额</th></tr>
<tr><th>月</th><th>日</th><th>字</th><th>号</th><th>字</th><th>号</th></tr>
<tr><td></td><td></td><td></td><td></td><td></td><td></td><td></td><td></td><td></td><td></td><td></td></tr>
</table>

2. 分类账簿，简称分类账，是对全部经济业务按照账户分类进行登记的会计账簿。按照提供核算指标的详细程度不同，分类账又分为总分类账和明细分类账。

（1）总分类账，简称总账，是根据总分类账户开设的用来分类登记全部经济业务的账簿。总分类账可以提供单位经济活动的全面情况，为编制财务会计报告提供主要依据，所有单位都必须设置总分类账。其一般格式见表6－3所示。

表6－3　　　　总分类账

会计科目：

年		凭证		摘　要	借方	贷方	借或贷	余额
月	日	字	号					

（2）明细账分类账，简称明细账，是根据明细分类账户开设的用来详细登记某类经济业务的账簿。明细账可以提供经济活动的详细情况，有利于加强经营管理和监督，也能够为编制会计报表提供必要的资料。因此，各单位应根据经营管理的需要设置必要的明细账。其一般格式见表6－4、表6－5、表6－6所示。

表6－4　　　　应收账款明细账

明细科目：

年		凭证		摘　要	借方	贷方	借或贷	余额
月	日	字	号					

表 6－5　　库存商品明细账

类别：　　编号：

品名或规格：　　储备定额：

存放地点：　　计量单位：

年		凭证号数	摘要	收入			发出			结存		
月	日			数量	单价	金额	数量	单价	金额	数量	单价	金额

表 6－6　　管理费用明细账

年		凭证		摘要	借方				贷方	余额
月	日	字	号		办公费	折旧费	……	合计		

3. 备查账簿，又称辅助账簿，简称备查簿，是对某些在日记账和分类账等主要账簿中未能登记或登记不详细的经济业务进行补充登记的账簿。如应收票据备查簿、租入固定资产备查簿等。应收票据备查簿用来详细登记每一张应收票据的种类、号数和出票日期、票面金额、交易合同号和付款人、承兑人、背书人的姓名或单位名称、到期日和利率、贴现日期、贴现率和贴现净额，以及收款日期和金额等资料，应收票据到期结清票款后，应在备查簿内逐笔注销。备查簿没有固定格式，各单位可根据需要自行选择设置。其一般格式见表 6－7 所示。

表 6－7　　租入固定资产登记簿

固定资产名称及规格	租约合同编号	租出单位名称	租入日期	租金	使用记录		归还日期	备注
					单位	日期		

（二）会计账簿按账页格式分类

会计账簿按账页格式不同，分为三栏式账簿、多栏式账簿和数量金额式账簿。

1. 三栏式账簿。它是设有借方、贷方和余额三个基本栏目的账簿。三栏式账簿适用于只要求进行金额核算的经济业务。日记账、总账及资本、债权、债务明细账都可以采用三栏式账页格式。

2. 多栏式账簿。它是指在账簿的两个基本栏目借方或贷方按需要分设若干专栏的账簿。专栏是设在借方还是贷方，或是两方同时设置，及设置多少专栏，都由各单位根据需要确定。多栏式账簿可以提供某类经济业务的详细情况，一般收入、成本、费用类、本年利润明细账可选用这种账页格式的账簿。

3. 数量金额式账簿。它是指在账簿的借方、贷方和余额三栏内，都分设数量、单价和金额三小栏，以反映财产物资的实物数量和价值金额的账簿。数量金额式账簿适用于既要进行金额核算，又要进行数量核算的经济业务。如原材料、库存商品等明细账一般都采用数量金额式账簿。

（三）会计账簿按外表形式分类

会计账簿按其外表形式不同，分为订本账簿、活页账簿和卡片账簿三种。

1. 订本账簿，简称订本账，是在启用前就将若干账页顺序编号并装订成册的账簿。其优点是可以防止账页散失或抽换账页，便于保管。缺点是不能准确地为账户预留账页，预留过多，造成浪费，预留过少，则影响经济业务的连续登记；一本账簿在同一时间内只能由一人登记，不便于分工记账。在实际中，一般比较重要的账簿采用订本账，如现金日记账、银行存款日记账和总分类账等。

2. 活页账簿，简称活页账，是由若干分散、具有一定格式的账页组成的账簿。活页账在登记完毕之前放在活页账夹内，通常在使用完毕后才装订成册，需加具封面，并将各账页连续编号。其优点是可根据实际需要增减账页，也便于分工记账；缺点是账页容易散失或被抽换。各种明细分类账一般采用活页账形式。

3. 卡片账簿，简称卡片账，是用卡片进行登记的账簿。卡片通常存放在卡片箱中，为防止散失和抽换，应将卡片顺序编号，并由有关人员在卡片上签名盖章。卡片账一般用于固定资产明细分类的核算，少数企业在材料核算中使用材料卡片。其优缺点与活页账基本相同，卡片账一般不需要每年更换。

以上各种账簿的分类如图 6－1 所示。

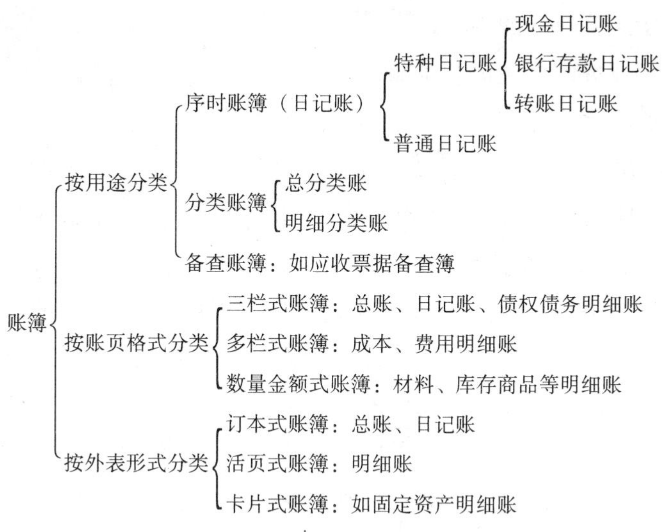

图 6－1　账簿的分类

以上会计账簿的三种分类并不是孤立的，而是相互关联的，见表 6－8 所示。

表 6－8　　会计账簿交叉关系

按外形分 / 按账页格式分	订本账	活页账	卡片账
三栏式账簿	日记账、总分类账	只进行金额核算的明细账	
多栏式账簿		收入、成本、费用、本年利润等明细分类账	固定资产卡片账
数量金额式账簿		既进行金额核算又进行数量核算的明细账	

三、会计账簿的基本内容、启用与登记规则

（一）会计账簿的基本内容

在会计实务中，会计账簿的种类虽然多种多样，不同种类的账簿其内容也不尽相同，但各种账簿都应具备一些基本要素。

1. 封面。封面主要用来记录账簿的名称，如总分类账、现金日记账、银行存款日记账等。

2. 扉页。扉页主要用来登记账簿启用和经管人员一览表。

3. 账页。账页是账簿的主体，每张账页其实是一个完整的账户结构，尽管因格式的不同有所差异，但应包括如下基本内容：

（1）账户的名称：包括总分类科目和明细分类科目；

（2）日期栏：用来登记记录经济业务的记账凭证上的日期；

（3）凭证种类、号数栏：用来登记记录经济业务的记账凭证的种类和号数；

（4）摘要栏：简要说明经济业务的内容；

（5）金额栏：记录经济业务的发生额和余额；

（6）页次：包括总页次和分户页次。

（二）会计账簿的启用

为保证账簿记录的合法性和会计档案的安全性，启用账簿时，应遵守如下规定：

1. 在账簿封面上写明单位名称和账簿名称。

2. 在账簿扉页上填写“账簿启用及经管人员一览表”，载明单位名称、账簿名称、账簿页数、启用日期、会计机构负责人、会计主管人员和记账人员姓名，加盖名章和单位公章等。其一般格式见表6－9所示。

3. 订本账在启用时应当从第一页到最后一页顺序编号，不得跳页、缺号；启用活页账时，应当按照账户顺序编号，并定期装订成册，装订时应另加目录，注明账户的名称和页次。

4. 记账人员或者会计机构负责人、会计主管人员调动工作时，应当注明交接日期、接办人员或者监交人员姓名，并由交接双方人员签名或者盖章。

5. 粘贴印花税票。账簿启用时，应缴纳印花税，粘贴印花税票。印花税票一律粘在账簿启用表的右上角，并在印花税票中央划两条出头的平行线，以示注销。使用缴款书交纳印花税的，在账簿启用表的左上角注明“印花税已缴”及缴款金额。缴款书作为原始凭证据以编制记账凭证并登记入账。

表6－9　　账簿启用及经管人员一览表　　贴印花处

<table>
<tr><td colspan="3">单位名称</td><td colspan="5">（加盖公章）</td><td colspan="3">负责人</td><td colspan="3">职务</td><td colspan="2">姓名</td></tr>
<tr><td colspan="3">账簿名称</td><td colspan="5">账簿　第　册</td><td colspan="3">单位负责人</td><td colspan="3"></td><td colspan="2"></td></tr>
<tr><td colspan="3">账簿号码</td><td colspan="5">第　号</td><td colspan="3">会计机构负责人</td><td colspan="3"></td><td colspan="2"></td></tr>
<tr><td colspan="3">账簿页数</td><td colspan="5">本账簿共计　页</td><td colspan="3" rowspan="2">会计主管人员</td><td colspan="3" rowspan="2"></td><td colspan="2" rowspan="2"></td></tr>
<tr><td colspan="3">启用日期</td><td colspan="5">年　月　日</td></tr>
<tr><td colspan="3">记账人员</td><td colspan="3">移交日期</td><td colspan="2">移交人</td><td colspan="3">接管日期</td><td colspan="2">接管人</td><td colspan="2">监交人员</td><td rowspan="2">备注</td></tr>
<tr><td>职务</td><td>姓名</td><td>签章</td><td>年</td><td>月</td><td>日</td><td>姓名</td><td>签章</td><td>年</td><td>月</td><td>日</td><td>姓名</td><td>签章</td><td>职务</td><td>姓名</td></tr>
<tr><td></td><td></td><td></td><td></td><td></td><td></td><td></td><td></td><td></td><td></td><td></td><td></td><td></td><td></td><td></td><td></td></tr>
<tr><td></td><td></td><td></td><td></td><td></td><td></td><td></td><td></td><td></td><td></td><td></td><td></td><td></td><td></td><td></td><td></td></tr>
<tr><td></td><td></td><td></td><td></td><td></td><td></td><td></td><td></td><td></td><td></td><td></td><td></td><td></td><td></td><td></td><td></td></tr>
<tr><td></td><td></td><td></td><td></td><td></td><td></td><td></td><td></td><td></td><td></td><td></td><td></td><td></td><td></td><td></td><td></td></tr>
<tr><td></td><td></td><td></td><td></td><td></td><td></td><td></td><td></td><td></td><td></td><td></td><td></td><td></td><td></td><td></td><td></td></tr>
</table>

（三）会计账簿的登记规则

《会计基础工作规范》第六十条规定：会计人员应当根据审核无误的会计凭证登记会计账簿。登记账簿的基本要求如下：

1. 及时完整。登记会计账簿时，应当将会计凭证的日期、编号、业务内容摘要、金额和其他有关资料逐项记入账内，做到数字准确、摘要清楚、登记及时、字迹工整。

2. 注明记账符号。登记完毕后，要在记账凭证上签名或者盖章，并注明已经登账的符号，在记账凭证的“记账符号”栏内注明账簿页数或画对钩，表示已经记账，避免重记或漏记。

3. 书写留空格，账簿中书写的文字和数字上面要留有适当空格，不要写满格；一般应占格距的二分之一。

4. 书写用笔的规定。登记账簿要用蓝黑墨水或者碳素墨水书写，不得使用圆珠笔（银行的复写账簿除外）或者铅笔书写。

5. 下列情况，可以用红色墨水记账：

（1）按照红字冲账的记账凭证，冲销错误记录；

（2）在不设借贷等栏的多栏式账页中，登记减少数；

（3）在三栏式账户的余额栏前，如未印明余额方向的，在余额栏内登记负数余额；

（4）根据国家统一会计制度的规定可以用红字登记的其他会计记录。

6. 按顺序连续登记。各种账簿按页次顺序连续登记，不得跳行、隔页。如果发生跳行、隔页，应当将空行、空页划线注销，或者注明“此行空白”、“此页空白”字样，并由记账人员签名或者盖章。

7. 结计余额。凡需要结出余额的账户，结出余额后，应当在“借或贷”等栏内写明“借”或者“贷”等字样。没有余额的账户，应当在“借或贷”等栏内写“平”字，并在余额栏内元位用“0”表示。现金日记账和银行存款日记账必须逐日结出余额。

8. 过次页和承前页。每一账页登记完毕结转下页时，应当结出本页发生额合计数及余额，写在本页最后一行和下页第一行有关栏内，并在摘要栏内注明“过次页”和“承前页”字样；也可以将本页合计数及金额只写在下页第一行有关栏内，并在摘要栏内注明“承前页”字样。

对需要结计本月发生额的账户，结计“过次页”的本页合计数应当为自本月初起至本页末止的发生额合计数；对需要结计本年累计发生额的账户，结计“过次页”的本页合计数应当为自年初起至本页末止的累计数；对既不需要结计本月发生额也不需要结计本年累计发生额的账户，可以只将每页末的余额结转次页。

9. 不得涂改、刮擦挖补。账簿记录发生错误时，不得涂改、刮擦和挖补，或用药水消除字迹，必须按正确的更正方法进行更正。

四、会计账簿设置的原则

为提供所需要的信息，任何单位都应当根据经济业务的特点和经营管理的需要，设置账簿。一般说来，设置账簿应当依据下列原则：

1. 要合法，设置账簿应当符合法律、法规和制度的规定，不得设置账外账等。

2. 要科学，账簿设置应当符合本单位的特点，既要够用，又要避免重复，不要过于简单或烦琐。

任务2 登记日记账

《会计法》第十五条规定，各单位登记会计账簿，必须以经过审核的会计凭证为依据，并符合有关法律、行政法规和国家统一的会计制度的规定。会计账簿包括总账、明细账、日记账和其他辅助性账簿。

日记账是按照经济业务发生或完成时间的先后顺序逐日逐笔进行登记的账簿。为了加强现金和银行存款的管理，分别设置订本式现金日记账和银行存款日记账，不得用银行对账单或其他方法代替。

1. 现金日记账

（1）现金日记账的格式

现金日记账是用来核算和监督库存现金每天的收入、支出和结存情况的账簿。现金日记账有三栏式和多栏式两种格式。

三栏式现金日记账设有“收入（借方）”、“支出（贷方）”、“结余（余额）”三个基本栏目，在摘要栏和金额栏之间常设有“对方科目”，以便记账时标明现金收入的来源和现金支出的用途。三栏式现金日记账的一般格式参见表6－1。

多栏式现金日记账是在三栏式现金日记账的基础上发展起来的，在收入（借方）栏按照收入的来源设置专栏，在支出（贷方）栏按支出的用途设置专栏，期末结出收入、支出专栏的合计数，可以对现金收支的合法性、合理性进行监督。每个专栏的全月发生额合计数还可以作为登记总账的依据。由于多栏式现金日记账借方、贷方开设专栏过多会导致账页过长，不便于记账和保管，因此，在实际工作中一般将现金收入业务和现金支出业务分设“现金收入日记账”和“现金支出日记账”。现金收入日记账按对应的贷方科目设置专栏，并设“支出合计”和“结余”栏；现金支出日记账则只按支出的对方科目设专栏，不设“收入合计”和“结余”栏。其一般格式和内容见表6－10、表6－11所示。

表 6－10　　现金收入日记账（多栏式）　　第____页

年		摘　要	贷方科目（收入）					支出合计	余额
月	日		银行存款	营业外收入		……	收入合计		

表 6－11　　现金支出日记账（多栏式）　　第____页

年		摘　要	借方科目（支出）					
月	日		银行存款	其他应收款	管理费用	制造费用	……	支出合计

（2）现金日记账的登记方法

现金日记账是由出纳人员根据审核无误的与现金收付业务有关的记账凭证，按时间顺序逐日逐笔进行登记的账簿。即根据现金收款凭证和与现金有关的银行存款付款凭证（从银行提取现金的业务）登记现金收入业务，根据现金付款凭证登记现金支出业务。并将记账凭证的日期、种类、号数、摘要、对方科目等逐项记入账簿内。每日终了，应根据“上日余额＋本日收入－本日支出＝本日余额”的公式，逐日结出库存现金账面余额，并将其与实存数进行核对，以检查库存现金账实是否相符。

多栏式现金日记账的登记方法：根据有关现金收入业务的记账凭证登记库存现金收入日记账，根据有关现金支出业务的记账凭证登记库存现金支出日记账，每日终了，将现金支出日记账的“支出合计”数一笔转入现金收入日记账的“支出合计”栏，并结出当日余额。

2. 银行存款日记账

（1）银行存款日记账的格式

银行存款日记账是用来核算和监督银行存款每日的收入、支出和结存情况的账簿。银行存款日记账应按单位在银行开立的账户和币种分别设置，每个银行账户设置一本日记账。银行存款日记账的格式与现金日记账的格式基本相同，有三栏式和多栏式两种，不同之处在于银行存款日记账可以设有"结算凭证"栏，用于填写办理银行存款收付业务时所使用的结算凭证的种类和号数，以便与银行核对账目。银行存款日记账的一般格式见表6－2、表6－12、表6－13所示。

表6－12　　**银行存款收入日记账（多栏式）**　　第____页

年		结算凭证		摘　要	贷　方				支出合计	余额
月	日	字	号		库存现金	主营业务收入	……	收入合计		

表6－13　　**银行存款支出日记账（多栏式）**　　第____页

年		结算凭证		摘　要	借　方					
月	日	字	号		库存现金	其他应收款	管理费用	制造费用	……	支出合计

（2）银行存款日记账的登记方法

银行存款日记账由出纳人员根据与银行存款收、付业务有关的记账凭证，按时间先后顺序逐日逐笔进行登记。根据银行存款收款凭证和有关的现金付款凭证（将库存现金存入银行的业务）登记收入栏，根据银行存款付款凭证登记支出栏，每日结出存款余额。

多栏式银行存款日记账的登记方法与多栏式现金日记账的登记方法基本相同，这里不再赘述。

任务3　登记总分类账

总分类账是按照总分类账户分类登记全部经济业务以提供总括会计信息的账簿。总分类账的账页是根据总分类科目（一级科目）设置的总分类账户。总分类账能够连续、系统、全面地反映单位经济活动的整体情况，为编制会计报表提供所需的资料，因此，每个单位都应设置总分类账。

一、总分类账的格式

总分类账一般采用有“借方”、“贷方”和“余额”三栏的订本账，具体又分为两种不同的格式，一是只有借方、贷方、余额三栏，其格式见表6－3所示；二是在借方和贷方栏分别设置“对方科目”专栏，以反映所设总账账户的对方科目，其一般格式见表6－14所示。

表6－14　　　　**总分类账（设对方科目的三栏式）**

账户名称：　　　　　　　　　　　　　　第____页

年		凭证		摘　要	借方		贷方		借或贷	余额
月	日	字	号		金额	对方科目	金额	对方科目		

二、总分类账的登记方法

总分类账的登记方法取决于单位采用的账务处理程序。它既可以直接根据记账凭证逐笔登记，也可以根据科目汇总表或汇总记账凭证等登记。

任务4　登记明细账

明细分类账是按照明细分类账户开设账页，用来分类、连续地登记某类经济业务以提供详细核算指标的账簿。明细分类账是根据实际需要，对总分类账的更加详细的记录，用来分类、连续地反映有关资产、负债、所有者权益及收入、费用和利润的详细资料。这些资料，也是编制会计报表的重要依据，因此，各单位应在设置总分类账的基础上，根据经营管理的需要，设置有关的明细分类账。库存现金、银行存款由于已经设置了日记账，实质上也是一种明细账，因此不再设置明细账。此外，其他各种资产、负债、所有者权益、收入、成本、费用、利润等应根据需要设置相应的明细分类账，进行明细分类核算。

根据经济管理的要求不同，明细分类账有三栏式、多栏式、数量金额式三种格式。

1. 三栏式明细分类账的格式与登记方法

三栏式明细分类账设有借方、贷方和余额三个栏目，它适用于只需要进行金额核算的账户，如“应收账款”、“应付账款”、“应交税费”等结算账户。三栏式明细分类账的一般格式见表6－4所示。

三栏式明细分类账由会计人员根据审核无误的记账凭证、原始凭证或汇总原始凭证逐日逐笔登记。

2. 数量金额式明细分类账的格式与登记方法

数量金额式明细分类账的格式，在收入（借方）、发出（贷方）和结存（余额）三栏内分别设置数量、单价和金额三个专栏。它适用于既要进行金额核算，又要进行数量核算的各种财产物资明细账户，如“原材料”、“库存商品”等账户的明细分类核算。通过提供实物、金额的指标，有助于加强对财产物资的管理和监督。数量金额式明细分类账的格式见表6－5所示。

数量金额式明细账由会计人员根据审核无误的记账凭证、原始凭证或汇总原始凭证逐日逐笔登记或定期汇总登记。

3. 多栏式明细分类账的格式与登记方法

多栏式明细分类账，是根据经营管理的需要，在明细账户的“借方”或“贷方”设置若干专栏，用于反映某一账户详细资料的账簿。按反映的经济内容不同，多栏式明细分类账分为借方设置多栏、贷方设置多栏和借贷方均设置多栏三种格式。

（1）借方多栏式明细分类账的格式

借方多栏式明细分类账适用于借方需要设置多个明细科目的账户，如“材料采购”、“生产成本”、“制造费用”、“管理费用”、“财务费用”和“营业外支出”等成本费用类明细账户的核算。其格式见表6－6所示。

（2）贷方多栏式明细分类账的格式

贷方多栏式明细分类适用于贷方需要设置多个明细科目的账户，如“主营业务收入”和“营业外收入”等收入类明细账户的核算。贷方多栏式明细分类账的格式见表6－15所示。

表6－15 **营业外收入明细账** 第____页

年		摘　要	借方	贷　方					余额
月	日			罚款收入	接受捐赠收入		……	合计	

(3) 借方、贷方多栏式明细分类账的格式

借方、贷方多栏式明细分类账适用于借方、贷方均需设置多个明细科目的账户，如“本年利润”明细分类账的核算，其账页一般格式见表6－16所示。

表6－16　　本年利润明细账　　第____页

年		凭证		摘要	借方				贷方				借或贷	余额
月	日	字	号		主营业务成本	其他业务成本	……	合计	主营业务收入	其他业务收入	……	合计		

多栏式明细分类账由会计人员根据审核无误的记账凭证、原始凭证或汇总原始凭证进行逐笔登记或定期汇总登记。

学习情境七 选择并使用会计核算组织程序

[学习目标]

通过学习，能够陈述会计核算组织程序的种类、特点及适用范围；会选择适当的方法进行相应的账务处理；会编制科目汇总表；了解会计核算组织程序的意义。

任务1 选择会计核算组织程序

一、会计核算组织程序的概念和意义

在会计工作中，不仅要了解如何取得原始凭证、填制记账凭证、设置和登记账簿，以及编制财务报表，还必须明确各会计凭证、会计账簿和财务报表之间的相互依赖关系。不同的凭证编制、账簿组织、记账程序和记账方法的有机结合，就构成了不同的会计核算组织程序。

会计核算组织程序，也称会计核算形式或账务处理程序，是指以账簿组织为核心，把会计凭证、账簿、报表、记账程序和记账方法有机结合起来的技术组织方式。其主要内容包括整理、汇总原始凭证，填制记账凭证，登记各种账簿，直到编制财务报表这一整个过程中所采取的步骤和方法。

由于业务性质、经营规模大小和经济业务的繁简程度不同，这就决定了不同的单位应当选用不同的会计核算组织程序。因此，在实际工作中，各单位应根据自身的特点，科学地选择会计核算组织程序，重在体现会计信息质量的内在要求，具有十分重要的意义。

第一，有利于提高会计核算工作的效率和质量。科学的会计核算组织程序，可以保证会计核算工作有条不紊地进行，保证会计记录正确、及时、完整，并迅速编制报表。这对于保证会计核算工作的质量，提高工作效率具有重要意义。

第二，有利于保证会计记录的完整性、正确性，通过凭证、账簿及报表之间的牵制作用，增强会计信息的可靠性。

第三，有利于简化会计凭证和会计账簿，避免重复，简化核算手续，精简会计

人员，节约核算费用，从而达到节约人力、财力和物力的目的。

第四，有利于单位内外有关部门能按照会计核算组织程序中规定的记账程序审查每项经济业务的来龙去脉，从而加强对基层单位的监督和管理。

二、会计核算组织程序的选用原则

为保证会计工作更好地发挥效用，会计核算组织程序的选择要体现科学性、实用性和效益性的原则。企业在选择会计核算组织程序时，应坚持以下原则：

1. 适应本单位经济活动的特点。企业的会计核算组织程序要适应本单位的生产经营特点、规模大小、业务的简繁情况，一切从实际出发。

2. 满足经营管理的需要。企业的会计核算组织程序应能够及时地提供本单位经济活动真实、完整的资料，以满足单位内外对会计信息的需要，为信息的使用者提供决策有用的信息。

3. 简化核算手续。企业的会计核算组织程序应在保证核算指标正确、及时、全面的基础上尽量简化核算手续，减少不必要的核算环节，节约人力、财力和物力，提高会计核算的工作效率。

三、会计核算组织程序的种类

在我国常用的会计核算组织程序主要有：

1. 记账凭证核算组织程序；
2. 汇总记账凭证核算组织程序；
3. 科目汇总表核算组织程序；
4. 日记总账核算组织程序；
5. 多栏式日记账核算组织程序。

在实际工作中，各经济单位可根据实际需要选择其中一种会计核算组织程序，也可将多种会计核算组织程序的优点结合起来使用，以满足本单位经营管理的需要。上面涉及的五种核算组织程序既有共同点，又各有特点。其中，记账凭证核算组织程序是最基本的一种，其他核算组织程序都是由此发展、演变而来的。

任务2　使用会计核算组织程序

一、记账凭证核算组织程序

（一）记账凭证核算组织程序的特点

记账凭证核算组织程序是在登记总账时，对记账凭证不需要经过任何加工，直接登记总账的一种核算程序，它是最基本的一种组织程序，是其他会计核算组织程序的基础。

记账凭证核算组织程序的特点是对一切经济业务都要根据原始凭证编制记账凭证，然后根据记账凭证直接登记总账。其优点是：记账程序简单明了，易于理解和掌握；总分类账是直接根据各种记账凭证逐笔登记的，因此总分类账能比较详细、具体地反映各项经济业务，便于查账，有利于会计监督。其缺点是：由于要根据记账凭证逐笔登记总分类账，所以填制记账凭证及登记总分类账的工作量较大。对于规模较大、业务量较多及记账凭证数量较多的企业不宜采用。

（二）记账凭证核算组织程序的内容

在记账凭证核算组织程序下，记账凭证一般采用收款凭证、付款凭证、转账凭证三种格式，除此之外，还可以采用通用格式的记账凭证。账簿一般设置现金日记账、银行存款日记账、总分类账和明细分类账。现金、银行存款日记账以及总分类账均采用三栏式；明细分类账可根据经营管理的需要，分别采用三栏式、多栏式和数量金额式。

（三）记账凭证核算组织程序的流程

记账凭证核算组织程序的基本流程如图 7－1 所示。

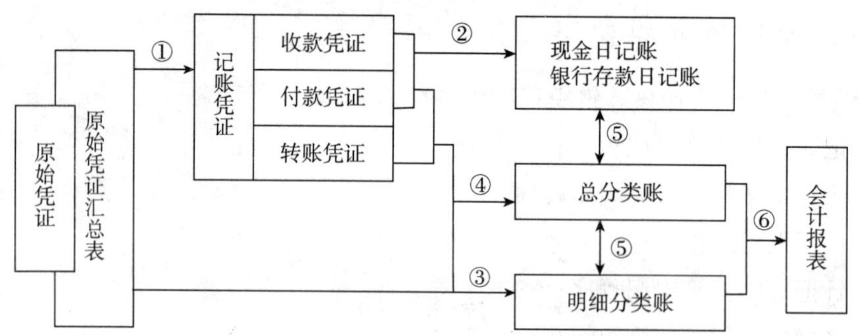

图 7－1 记账凭证核算组织程序的流程图

采用记账凭证核算组织程序，其基本流程主要包括：

1. 根据原始凭证或原始凭证汇总表，填制收款凭证、付款凭证和转账凭证；
2. 根据收款凭证、付款凭证逐笔、序时地登记现金日记账和银行存款日记账；
3. 根据原始凭证、原始凭证汇总表或记账凭证，逐笔登记各种明细分类账；
4. 根据各种记账凭证逐笔登记总分类账；
5. 按照对账的要求，定期将总分类账与日记账、明细分类账相核对，并结账；
6. 月末，根据总分类账和明细分类账编制财务会计报表。

（四）记账凭证核算组织程序的应用

1. 资料

腾飞公司 2010 年 6 月 30 日有关总分类账户的余额见表 7－1 所示。

表 7－1　　腾飞公司 2010 年 6 月 30 日有关总分类账户余额

账户名称	借方余额	账户名称	贷方余额
库存现金	800	累计折旧	100 000
银行存款	36 600	短期借款	60 000
应收账款	90 000	应付账款	30 000
原材料	100 000	本年利润	24 000
生产成本	18 000	实收资本	340 400
库存商品	24 000		
固定资产	285 000		
合　计	554 400		554 400

该公司 2010 年 6 月 30 日有关明细分类账户的余额如下：

原材料：其中，甲材料 425 kg，单价 200 元，余额 85 000 元

乙材料 500 kg，单价 30 元，余额 15 000 元

应付账款：其中，红星公司 15 000 元

大宇公司 15 000 元

腾飞公司 2010 年 7 月份发生的部分经济业务如下：

（1）7 月 2 日，生产领用甲材料 60 000 元生产甲产品。

（2）7 月 4 日，收到银行收账通知，收回光明公司货款 80 000 元。

（3）7 月 5 日，出售产品一批，售价 50 000 元，应交增值税 8 500 元，货款已收并存入银行。

（4）7 月 9 日，向红星公司采购原材料甲，价值 12 000 元，应交增值税 2 040 元，货款尚未支付。

（5）7 月 12 日，向银行借款 30 000 元并转存银行。

（6）7 月 13 日，外单位投入了一台新的机器设备，计 24 000 元。

（7）7 月 15 日，以银行存款 50 000 归还银行借款。

（8）7 月 16 日，生产车间领用甲材料 180 千克，单价 200 元，共 36 000 元。领用乙材料 40 千克，单价 30 元，共计 1 200 元。

（9）7 月 17 日，以银行存款归还欠红星公司的货款 14 040 元。

（10）7 月 19 日，出售一批产品给宏利公司，售价 60 000 元，应交增值税 10 200 元，货款尚未收到。

（11）7 月 20 日，向大宇公司购进乙材料 600 千克，单价 60 元，计 18 000 元，应交增值税 3 060 元，货款尚未收到。

（12）7 月 21 日，外单位投入流动资金 50 000 元，已存入银行。

（13）7 月 23 日，用银行存款归还前欠红星公司货款 12 000 元。

（14）7 月 26 日，以银行存款购入甲材料 100 kg，计 20 000 元，应交增值税

3 400元；乙材料 1 000 kg，单价 30 元，计 30 000 元，应交增值税 5 100 元。

（15）7 月 27 日，生产车间领用甲材料 100 kg，计 20 000 元，乙材料 500 kg，共计 15 000 元。

（16）7 月 29 日，以银行存款归还前欠大宇公司货款 21 060 元。

（17）结转本月完工产品的生产成本。

（18）31 日，结转本月销售产品的实际成本 85 000 元。

（19）31 日，按销售收入的 5% 计算应交的消费税 5 500 元，并结转到“本年利润”账户。

（20）结转本月主营业务收入。

2. 填制记账凭证

根据上述资料，按照时间顺序填制记账凭证，见表 7－2 所示。

表 7－2　　记账凭证简略表现形式

2010 年		凭证号数	摘要	会计科目		借方金额	贷方金额
月	日			一级科目	二级科目		
7	2	转 1	生产领用原材料	生产成本 原材料	 甲材料	60 000	 60 000
7	4	收 1	收回货款	银行存款 应收账款	 光明公司	80 000	 80 000
7	5	收 2	销售产品	银行存款 主营业务收入 应交税费	 应交增值税	58 500	 50 000 8 500
7	9	转 2	采购原材料	原材料 应交税费 应付账款	甲材料 应交增值税 红星公司	12 000 2 040	 14 040
7	12	收 3	向银行借款	银行存款 短期借款		30 000	 30 000
7	13	转 3	接受设备投资	固定资产 实收资本		24 000	 24 000
7	15	付 1	归还银行借款	短期借款 银行存款		50 000	 50 000
7	16	转 4	生产领用原材料	生产成本 原材料	 甲材料 乙材料	37 200	 36 000 1 200

续表

2010年		凭证号数	摘要	会计科目		借方金额	贷方金额
月	日			一级科目	二级科目		
7	17	付2	归还前欠货款	应付账款 银行存款	红星公司	14 040	 14 040
7	19	收4	销售产品	应收账款 主营业务收入 应交税费	宏利公司 应交增值税	70 200	 60 000 10 200
7	20	转5	采购材料	原材料 应交税费 应付账款	乙材料 应交增值税 大宇公司	18 000 3 060	 21 060
7	21	收5	接受现金投资	银行存款 实收资本		50 000	 50 000
7	23	付3	归还前欠货款	应付账款 银行存款	红星公司	12 000	 12 000
7	26	付4	采购材料	原材料 应交税费 银行存款	甲材料 乙材料 应交增值税	20 000 30 000 8 500	 58 500
7	27	转6	生产领用原材料	生产成本 原材料	 甲材料 乙材料	35 000	 20 000 15 000
7	29	付5	归还前欠货款	应付账款 银行存款	大宇公司	21 060	 21 060
7	31	转7	结转完工产品成本	库存商品 生产成本		150 000	 150 000
7	31	转8	结转已销产品成本	主营业务成本 库存商品		85 000	 85 000
7	31	转9	本月应交税金	营业税金及附加 应交税费	 应交消费税	5 500	 5 500
7	31	转10	结转本月主营业务收入	主营业务收入 本年利润		110 000	 110 000
7	31	转11	结转主营业务成本	本年利润 主营业务成本		85 000	 85 000
7	31	转12	结转主营业务税金及附加	本年利润 营业税金及附加		5 500	 5 500

3. 登记明细分类账

根据记账凭证逐笔登记各种明细分类账，见表7－3至表7－6所示。

表7－3 **原材料明细账**

材料名称：甲材料

2010年		凭证号数	摘要	收入			发出			结存		
月	日			数量	单价	金额	数量	单价	金额	数量	单价	金额
7	1		期初余额							425	200	85 000
	2	转1	生产领用				300	200	60 000			
	9	转2	采购材料	60	200	12 000						
	16	转4	生产领用				180	200	36 000			
	26	付4	采购材料	100	200	20 000						
	27	转6	生产领用				100	200	20 000			
	31		本期发生额及余额	160	200	32 000	580	200	116 000	5	200	1 000

表7－4 **原材料明细账**

材料名称：乙材料

2010年		凭证号数	摘要	收入			发出			结存		
月	日			数量	单价	金额	数量	单价	金额	数量	单价	金额
7	1		期初余额							500	30	15 000
	16	转4	生产领用				40	30	1 200			
	20	转5	采购材料	600	30	18 000						
	26	付4	采购材料	1 000	30	30 000						
	27	转6	生产领用				500	30	15 000			
	31		本期发生额及余额	1 600	30	4 8000	540	30	16 200	1 560	30	46 800

表7－5 **应付账款明细分类账**

户名：红星公司

年		凭证号数	摘要	借方	贷方	借或贷	余额
月	日						
7	1		期初余额			贷	1 500
	9	转2	采购材料		14 040	贷	29 040
	17	付2	归还前欠货款	14 040		贷	15 000
	23	付3	归还前欠货款	12 000		贷	3 000
	31		本期发生额及余额	26 040	14 040	贷	3 000

表 7－6　　　　　　　　　**应付账款明细分类账**

户名：大宇公司

年		凭证号数	摘要	借方	贷方	借或贷	余额
月	日						
7	1		期初余额			贷	15 000
	20	转 5	采购材料		21 060	贷	36 060
	29	付 5	归还前欠货款	21 060		贷	15 000
	31		本期发生额及余额	21 060	21 060	贷	15 000

4. 登记总分类账

根据记账凭证登记总分类账，见表 7－7 至表 7－22 所示。

表 7－7　　　　　　　　　**总分类账**

账户名称：银行存款　　　　　　　　　　单位：元

2010 年		凭证号数	摘要	借方	贷方	借或贷	余额
月	日						
7	1		期初余额			借	36 600
	4	收 1	收回货款	80 000		借	116 600
	5	收 2	销售产品	58 500		借	175 100
	12	收 3	向银行借款	30 000		借	205 100
	15	付 1	归还银行贷款		50 000	借	155 100
	17	付 2	归还前欠货款		14 040	借	141 060
	21	收 5	接受现金投资	50 000		借	191 060
	23	付 3	归还前欠货款		12 000	借	179 060
	26	付 4	采购材料		58 500	借	120 560
	29	付 5	归还前欠货款		21 060	借	99 500
	31		本期发生额及余额	218 500	155 600	借	99 500

表 7－8　　　　　　　　　**总分类账**

账户名称：应收账款　　　　　　　　　　单位：元

2010 年		凭证号数	摘要	借方	贷方	借或贷	余额
月	日						
7	1		期初余额			借	90 000
	4	收 1	收回货款		80 000	借	10 000
	19	收 4	销售产品	70 200		借	80 200
	31		本期发生额及余额	70 200	80 000	借	80 200

表 7－9 **总分类账**

账户名称：库存商品 单位：元

2010 年		凭证号数	摘要	借方	贷方	借或贷	余额
月	日						
7	1		期初余额			借	24 000
	31	转 7	完工入库	150 000		借	174 000
	31	转 8	销售产品		85 000	借	89 000
	31		本期发生额及余额	150 000	85 000	借	89 000

表 7－10 **总分类账**

账户名称：生产成本 单位：元

2010 年		凭证号数	摘要	借方	贷方	借或贷	余额
月	日						
7	1		期初余额			借	18 000
	2	转 1	生产领用原材料	60 000		借	78 000
	16	转 4	生产领用原材料	37 200		借	115 200
	27	转 6	生产领用原材料	35 000		借	150 200
	31	转 7	结转完工产品成本		150 000	借	200
	31		本期发生额及余额	132 200	150 000	借	200

表 7－11 **总分类账**

账户名称：原材料 单位：元

2010 年		凭证号数	摘要	借方	贷方	借或贷	余额
月	日						
7	1		期初余额			借	100 000
	2	转 1	生产领用原材料		60 000	借	40 000
	9	转 2	采购原材料	12 000		借	52 000
	16	转 4	生产领用原材料		37 200	借	14 800
	20	转 5	采购原材料	18 000		借	32 800
	26	付 4	采购原材料	50 000		借	82 800
	27	转 6	生产领用原材料		35 000	借	47 800
	31		本期发生额及余额	80 000	132 200	借	47 800

表 7－12 **总分类账**

账户名称：固定资产 单位：元

2010 年		凭证号数	摘要	借方	贷方	借或贷	余额
月	日						
7	1		期初余额			借	285 000
	13	转 3	接受设备投资	24 000		借	309 000
	31		本期发生额及余额	24 000			309 000

表 7－13　　**总分类账**

账户名称：累计折旧　　单位：元

2010 年		凭证号数	摘要	借方	贷方	借或贷	余额
月	日						
7	1		期初余额			贷	100 000
	31		本期发生额及余额			贷	100 000

表 7－14　　**总分类账**

账户名称：库存现金　　单位：元

2010 年		凭证号数	摘要	借方	贷方	借或贷	余额
月	日						
7	1		期初余额			借	800
	31		本期发生额及余额			借	800

表 7－15　　**总分类账**

账户名称：应付账款　　单位：元

2010 年		凭证号数	摘要	借方	贷方	借或贷	余额
月	日						
7	1		期初余额			贷	30 000
	9	转 2	采购原材料		14 040	贷	44 040
	17	付 2	归还前欠货款	14 040		贷	30 000
	20	转 5	采购原材料		21 060	贷	51 060
	23	付 3	归还前欠货款	12 000		贷	39 060
	29	付 5	归还前欠货款	21 060		贷	18 000
	31		本期发生额及余额	47 100	35 100	贷	18 000

表 7－16　　**总分类账**

账户名称：实收资本　　单位：元

2010 年		凭证号数	摘要	借方	贷方	借或贷	余额
月	日						
7	1		期初余额			贷	340 400
	13	转 3	接受设备投资		24 000	贷	364 400
	21	收 5	接受现金投资		50 000	贷	414 400
	31		本期发生额及余额		74 000	贷	414 400

表 7－17　　**总分类账**

账户名称：短期借款　　单位：元

2010 年		凭证号数	摘要	借方	贷方	借或贷	余额
月	日						
7	1		期初余额			贷	60 000
	12	收 3	向银行贷款		30 000	贷	90 000
	15	付 1	归还银行借款	50 000		贷	40 000
	31		本期发生额及余额	50 000	30 000	贷	40 000

表 7－18　　　　总分类账

账户名称：主营业务收入　　　　单位：元

2010 年		凭证号数	摘要	借方	贷方	借或贷	余额
月	日						
7	5	收 2	销售产品		50 000	贷	50 000
	19	收 4	销售产品		60 000	贷	110 000
	31	转 10	结转本月主营业务收入	110 000		平	0
	31		本期发生额及余额	110 000	110 000	平	0

表 7－19　　　　总分类账

账户名称：主营业务成本　　　　单位：元

2010 年		凭证号数	摘要	借方	贷方	借或贷	余额
月	日						
7	31	转 8	结转已销产品成本	85 000		借	85 000
	31	转 11	结转主营业务成本		85 000	平	0
	31		本期发生额及余额	85 000	85 000	平	0

表 7－20　　　　总分类账

账户名称：营业税金及附加　　　　单位：元

2010 年		凭证号数	摘要	借方	贷方	借或贷	余额
月	日						
7	31	转 9	本月应交税金	5 500		借	5 500
	31	转 12	结转主营业务税金及附加		5 500	平	0
	31		本期发生额及余额	5 500	5 500	平	0

表 7－21　　　　总分类账

账户名称：应交税费　　　　单位：元

2010 年		凭证号数	摘要	借方	贷方	借或贷	余额
月	日						
7	5	收 2	销售产品		8 500	贷	8 500
	9	转 2	采购原材料	2 040		贷	6 460
	19	收 4	销售产品		10 200	贷	16 660
	20	转 5	采购原材料	3 060		贷	13 600
	26	付 4	采购原材料	8 500		贷	5 100
	31	转 9	应交税金		5 500	贷	10 600
	31		本期发生额及余额	13 600	24 200	贷	10 600

表 7－22　　总分类账

账户名称：本年利润　　单位：元

2010 年		凭证号数	摘要	借方	贷方	借或贷	余额
月	日						
7	1		期初余额			贷	24 000
	31	转 10	转入本月收入		110 000	贷	134 000
	31	转 11	结转本月成本	85 000		贷	49 000
	31	转 12	结转本月税金	5 500		贷	43 500
	31		本期发生额及余额	90 500	110 000	贷	43 500

表 7－23　　试算平衡表

账户名称	期初余额		本期发生额		期末余额	
	借方	贷方	借方	贷方	借方	贷方
固定资产	285 000		24 000		309 000	
原材料	100 000		80 000	132 200	47 800	
生产成本	18 000		132 200	150 000	200	
库存商品	24 000		150 000	85 000	89 000	
应收账款	90 000		70 200	80 000	80 200	
库存现金	800				800	
银行存款	36 600		218 500	155 600	99 500	
实收资本		340 400		74 000		414 400
累计折旧		100 000				100 000
短期借款		60 000	50 000	30 000		40 000
应付账款		30 000	47 100	35 100		18 000
主营业务收入			110 000	110 000		
主营业务成本			85 000	85 000		
营业税金及附加			5 500	5 500		
应交税费			13 600	24 200		10 600
本年利润			90 500	110 000		43 500
合　计	554 400	554 400	1 076 600	1 076 600	626 500	626 500

5. 编制会计报表

将日记账、各种明细账与有关总分类账进行核对后，即可编制会计报表。

二、汇总记账凭证核算组织程序

（一）汇总记账凭证核算组织程序的特点

汇总记账凭证核算组织程序是指定期将所有记账凭证汇总编制成汇总记账凭证，

然后再根据汇总记账凭证登记总分类账的核算组织程序。汇总记账凭证核算组织程序区别于其他核算组织程序的主要特点是：定期将记账凭证分类编制汇总记账凭证，然后根据汇总记账凭证登记总分类账。

汇总记账凭证核算组织程序的优点是：首先，通过记账凭证的汇总和分类，可以减轻登记总分类账的工作量；其次，汇总记账凭证是按照科目对应的关系归类、汇总编制的，因此能够清晰地反映各科目的对应关系，有利于对经济业务进行分析和检查。其缺点主要存在于以下两个方面：首先，汇总记账凭证的编制比较复杂，工作量较大；其次，由于汇总转账凭证是根据每一账户的贷方而不是按经济业务类型归类汇总的，不利于会计分工。因此，这种方法一般适用于规模较大、经济业务较多的企业。

（二）汇总记账凭证的编制

汇总记账凭证分为汇总收款凭证、汇总付款凭证和汇总转账凭证三种。它是根据收款凭证、付款凭证和转账凭证定期汇总编制而成，间隔天数视业务量多少而定，一般5天或10天汇总填制一次，每月编制一张。

1. 汇总收款凭证应根据现金和银行存款收款凭证，分别按“库存现金”、“银行存款”的借方设置，按对应贷方科目进行归类汇总。

汇总收款凭证

借方科目　　　　×年×月　　　　汇收×号

贷方科目	金额				总账	页数
	（1）	（2）	（3）	合计	借方	贷方
合　计						
附件	（1）自____ ____日至____ ____日凭证 共____ ____张 （2）自____ ____日至____ ____日凭证 共____ ____张 （3）自____ ____日至____ ____日凭证 共____ ____张					

2. 汇总付款凭证应根据现金和银行存款付款凭证，分别按“库存现金”、“银行存款”的贷方设置，按对应借方科目进行归类汇总。在编制时，应当注意对现金和银行存款之间相互转换的业务，如果同时填制收款凭证、付款凭证的，应以付款凭证为据。

汇总付款凭证

贷方科目　　　　　　　　×年×月　　　　　　　　汇付×号

借方科目	金额				总账	页数
	（1）	（2）	（3）	合计	借方	贷方
合　计						
附件	（1）自____ ____日至____ ____日凭证 共____ ____张 （2）自____ ____日至____ ____日凭证 共____ ____张 （3）自____ ____日至____ ____日凭证 共____ ____张					

3. 汇总转账凭证应根据转账凭证中有关账户的贷方设置，按对应借方科目进行归类汇总。为了便于填制汇总转账凭证，平时填制转账凭证时只能一贷多借，不能一借多贷。月末，根据汇总转账凭证的合计数分别记入总分类账中各个借方账户的借方以及该汇总凭证所列的贷方账户的贷方。如果在月份内某一贷方科目的转账凭证为数不多时，也可不编制汇总转账凭证，直接根据转账凭证记入总分类账。

汇总转账凭证

贷方科目　　　　　　　　×年×月　　　　　　　　汇转×号

借方科目	金额				总账	页数
	（1）	（2）	（3）	合计	借方	贷方
合　计						
附件	（1）自____ ____日至____ ____日凭证 共____ ____张 （2）自____ ____日至____ ____日凭证 共____ ____张 （3）自____ ____日至____ ____日凭证 共____ ____张					

（三）汇总记账凭证核算组织程序的流程

汇总记账凭证核算组织程序的流程如图7－2所示。

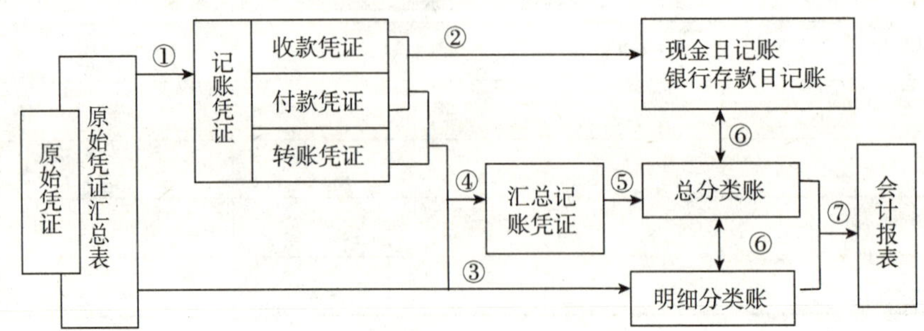

图7－2 汇总记账凭证核算组织程序的流程图

汇总记账凭证核算组织程序的流程主要包括：

1. 根据各种原始凭证或原始凭证汇总表填制记账凭证；
2. 根据收款凭证和付款凭证逐笔登记现金日记账和银行存款日记账；
3. 根据原始凭证、原始凭证汇总表或记账凭证登记各种明细分类账；
4. 根据各种记账凭证编制各种汇总记账凭证；
5. 根据编制的汇总记账凭证登记总分类账；
6. 将现金日记账、银行存款日记账的余额以及各种明细分类账的余额合计数，分别与总分类账中相关账户的余额核对相符；
7. 月末，根据核对无误的总分类账和明细分类账的相关资料，编制财务会计报表。

三、科目汇总表核算组织程序

（一）科目汇总表核算组织程序的特点

科目汇总表核算组织程序，也称作记账凭证汇总表核算组织程序，是定期将所有记账凭证汇总编制成科目汇总表，再根据科目汇总表登记总分类账的核算组织程序。

采用科目汇总表核算组织程序时，由于总分类账是根据科目汇总表登记的，因此它最大的优点是简化了登记总分类账的工作量。其次在登记总分类账之前，通过编制科目汇总表，起到了试算平衡的作用，有利于保证总分类账记录的正确性。科目汇总表核算组织程序的缺点是：不能全面、详细地反映出账户间的对应关系，因而不便于查对账目和分析经济业务的来龙去脉。因此，这种核算组织程序一般适用于规模较大，经济业务较多的企业。

（二）科目汇总表的编制

在编制科目汇总表时，首先应该将汇总期内各项经济业务所涉及的会计科目填列在科目汇总表中的“会计科目”栏内；其次根据汇总期内所有记账凭证，按照会计科目分别加计借方发生额和贷方发生额，将汇总数填列在相应会计科目的“借方”和“贷方”栏；最后汇总科目汇总表中的借方发生额和贷方发生额，并进行试算平衡。在编制科目汇总表时还应注意：第一，为了便于登记总账，科目汇总表上的科目排列应按总分类账上科目排列的顺序来定；第二，科目汇总表汇总的时间不宜过长，一般间隔期为5天至10天，以便对科目的发生额进行试算平衡，及时了解资金运动情况。

（三）科目汇总表核算组织程序的流程

科目汇总表核算组织程序的流程如图7－3所示。

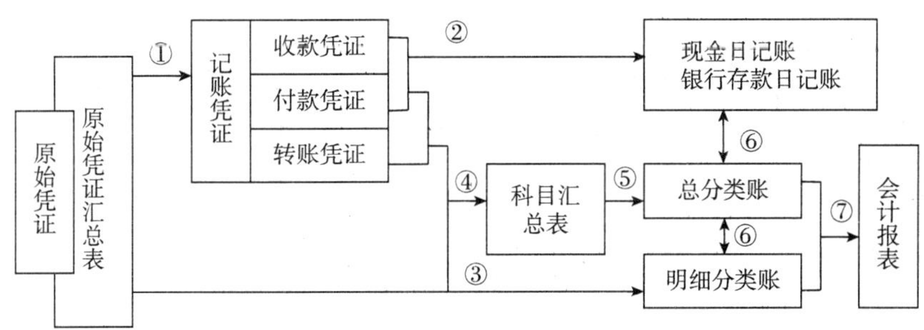

图7－3　科目汇总表核算组织程序流程图

1. 根据各种原始凭证或原始凭证汇总表，按不同的经济业务类型分别填制收款凭证、付款凭证和转账凭证；
2. 根据现金收款凭证和现金付款凭证逐笔序时登记现金日记账，根据银行存款收款凭证和银行存款付款凭证逐笔序时登记银行存款日记账；
3. 根据记账凭证及所附的原始凭证（或原始凭证汇总表）逐笔登记各种有关明细分类账；
4. 根据各种记账凭证编制科目汇总表；
5. 根据科目汇总表中各科目的汇总发生额登记总分类账；
6. 将现金日记账、银行存款日记账和各种明细分类账定期与总分类账相互核对；
7. 期末，根据总分类账和明细分类账的有关资料编制财务会计报表。

（四）科目汇总表核算组织程序的举例

根据前面所介绍的资料一编制科目汇总表见表7－24所示。

表 7-24 科目汇总表

会计科目		本期发生额		备注
		借方	贷方	
银行存款		218 500	155 600	
生产成本		132 200	150 000	
原材料		80 000	132 200	
库存商品		150 000	85 000	
应收账款		70 200	80 000	
固定资产		24 000		
实收资本			74 000	
短期借款		50 000	30 000	
应付账款		47 100	35 100	
应交税金		13 600	24 200	
主营业务收入		110 000	110 000	
主营业务成本		85 000	85 000	
营业税金及附加		5 500	5 500	
本年利润		90 500	110 000	
合　　计		1 076 600	1 076 600	

四、其他会计核算组织程序

（一）日记总账核算组织程序

日记总账核算组织程序是根据记账凭证逐笔登记日记总账，依据账簿记录定期编制会计报表的核算组织程序。这种核算组织程序的优点是：核算组织程序简单，日记总账直接根据记账凭证逐日逐笔进行登记，便于了解各项经济业务的来龙去脉，有利于会计资料的分析和运用。但由于所有会计科目都集中在一张账页上，总分类账的账页过长，不便于记账的分工与查阅。因此，日记总账核算组织程序主要适用于规模小、经济业务简单、使用会计科目较少的企业。

（二）多栏式日记账核算组织程序

多栏式日记账核算组织程序是根据收款凭证和付款凭证登记多栏式库存现金日记账和多栏式银行存款日记账，根据转账凭证填制转账凭证科目汇总表，再根据多栏式库存现金日记账、多栏式银行存款日记账以及转账凭证科目汇总表登记总分类账，依据账簿记录定期编制财务会计报表的一种核算组织程序。

多栏式日记账的主要特点是：根据收款凭证和付款凭证登记多栏式库存现金日记账和多栏式银行存款日记账；月末根据多栏式库存现金日记账、多栏式银行存款日记账登记总分类账。多栏式日记账核算组织程序的优点是：第一，可以简化总分类账的登记工作；第二，多栏式现金、银行存款日记账较好地反映了账户的对应关系。但由于会计科目的数量受到一定的限制，不可太多。因此，多栏式日记账核算组织程序主要适用于涉及会计科目不多的企业。

◎ 小结 ◎

在我国的会计核算单位中实际运用的核算组织程序主要有记账凭证核算组织程序、汇总记账凭证核算组织程序、科目汇总表核算组织程序。

记账凭证核算组织程序是最基本的一种账务处理程序，该程序要求直接根据记账凭证逐笔登记总分类账。其优点主要是简单明了，方法易学，总分类账能详细反映经济业务状况，方便会计核对与查账；但登记总分类账的工作量较大，也不利于分工。因此，一般适用于规模较小、经济业务较简单的企业。

汇总记账凭证核算组织程序主要特点是：定期将记账凭证分类编制汇总记账凭证，然后根据汇总记账凭证登记总分类账。这种核算组织程序的主要优点是大大地简化了分类账的登记工作；但由于汇总转账凭证是根据每一账户的贷方而不是按经济业务类型归类汇总的，故不利于会计分工。因此，一般适用于规模较大、经济业务较多的企业。

在科目汇总表核算组织程序下，要求定期将记账凭证编制成科目汇总表，然后根据科目汇总表登记总分类账。该程序的主要优点是大大地简化了总分类账的登记工作；其次，通过科目汇总表的编制，可进行发生额试算平衡，及时发现差错。其缺点是由于科目汇总表是定期汇总计算每一账户的借方、贷方发生额，并不考虑账户间的对应关系，因而在科目汇总表和总分类账中，不能明确反映账户的对应关系，不便于了解经济业务的具体内容。因此主要适用于经济业务量较大的企业。

◎ 技能操作训练 ◎

一、单项选择题

1. 下列核算组织程序中，最基本的核算组织程序是（　　）。

A. 日记总账核算组织程序　　B. 科目汇总表核算组织程序

C. 记账凭证核算组织程序　　D. 汇总记账凭证核算组织程序

2. 根据记账凭证逐笔登记总账的会计核算组织程序是（　　）。

A. 日记总账核算组织程序　　B. 记账凭证核算组织程序

C. 汇总记账凭证核算组织程序　　D. 科目汇总表核算组织程序

3. 各种核算组织程序之间的主要区别在于（　　）。

A. 登记总账的依据不同　　B. 账簿组织不同

C. 记账方法不同　　D. 记账程序不同

二、多项选择题

1. 目前，我国会计核算组织程序主要有（　　）。

A. 记账凭证核算组织程序　　B. 汇总记账凭证核算组织程序

C. 科目汇总表　　D. 日记总账核算组织程序

2. 各种核算组织程序的共同之处表现在（　　）。

A. 根据原始凭证编制汇总原始凭证

B. 根据记账凭证逐笔登记总账

C. 根据原始凭证或原始凭证汇总表编制记账凭证

D. 根据记账凭证和有关原始凭证或汇总原始凭证登记明细账

3. 在记账核算组织程序下，登记账簿应根据（　　）。

A. 原始凭证　　B. 收款凭证　　C. 付款凭证　　D. 转账凭证

4. 科目汇总表核算组织程序的优点是（　　）。

A. 简化登记总账的工作　　B. 总账中能反映账户的对应关系

C. 总账中能逐笔反映经济业务的发生情况　　D. 可以进行试算平衡

5. 采用科目汇总表核算组织程序时，月末应将（　　）与总分类账进行核对。

A. 现金日记账　　B. 明细分类账　　C. 科目汇总表　　D. 汇总记账凭证

三、判断题

1. 任何核算组织程序的第一步都必须将所有的原始凭证汇总编制为汇总原始凭证。（　　）

2. 编制科目汇总表，不仅仅可以起到试算平衡的作用，而且可以反映账户之间的对应关系。（　　）

3. 企业采用什么核算组织程序，不要求统一，应根据各单位规模大小、业务简繁、工作基础强弱、经营业务特点而定。（　　）

学习情境八　对账结账

任务1　对账

对账是指将与账簿有关的资料进行核对，以保证账簿资料的正确性。账簿资料是编制会计报表的来源，账簿记录正确与否直接影响会计报表的质量。因此，会计人员应定期做好对账工作，保证账证、账账、账实、账表相符。对账工作的主要内容如下：

一、账证核对

账证核对是指将各种账簿记录与其相应的会计凭证进行核对，以保证账簿与会计凭证内容相符。尽管账簿记录是根据会计凭证登记的，但在记账的过程中仍可能发生账证不一致的情况。因此，在日常核算工作中，会计人员应在记账完毕后，将账簿记录与会计凭证进行核对，检查账簿记录与会计凭证的日期、凭证字号、内容、金额、记账方向等是否一致，做到账证相符。

会计期末，若发现账账不符时，为查明原因，也需要进行账证核对。

二、账账核对

账账核对是指将有关的账簿之间的资料进行核对，以保证账账相符。每个单位的所有账簿是一个有机体，既相互分工，又有衔接，共同来完成连续、系统、全面的反映和监督整个单位的经济活动的职能。各种账簿之间的这种依存衔接关系即所谓的勾稽关系。账账核对是指将有勾稽关系的账簿之间进行核对。账账核对具体内容如下：

1. 总分类账内部的核对。即将总分类账内部有关资料进行核对，以保证其自身正确无误。总分类账所有账户的期初余额、本期发生额、期末余额之间存在一定的平衡关系，依据这种平衡关系来检查总分类账记录是否正确。具体方法通常采用编制试算平衡表来完成。

2. 总分类账与日记账核对。将现金日记账的期末余额与总账中库存现金的期末余额核对，将银行存款日记账的期末余额与总账中银行存款的期末余额核对，以保证其相符。

3. 总分类账与所属明细账核对。总分类账的期末余额应与其所属明细分类账的期末余额合计数相等。

4. 有关财产物资明细账的核对。将会计部门有关实物资产的明细账与财产物资保管部门或使用部门的明细账进行核对，以保证相符。一般由财产物资保管或使用部门定期编制收发结存汇总表，交会计部门核对。

三、账实核对

账实核对是指将各项财产物资、债权债务等的账簿资料与其实存数进行核对。账实核对在账账核对的基础上，结合财产清查来完成，以保证账实相符。账实核对的内容如下：

1. 关于库存现金的核对：将现金日记账的余额与库存现金的实有数额核对相符。

2. 关于银行存款的核对：将银行存款日记账的余额与银行对账单的余额核对相符。

3. 关于各项财产物资的核对：将各项财产物资明细账的余额与财产物资的实有数额核对相符。

4. 有关债权债务的核对：将债权债务明细账的余额与有关债务债权单位的账面记录核对相符。

四、财产清查

（一）财产清查的概念

会计核算工作最基本的一个原则就是保证会计信息的真实性。在日常的会计核算中，企业实际发生的经济业务，通过填制、审核会计凭证，登记有关账簿来记录和反映财产物资的增减变动及其结余。但在实际工作中，由于各种主客观因素，会形成账实不符。如保管人员工作疏忽，发生计算或登记错误；会计人员记账时发生漏记、重记、多记、少记等现象；发生自然灾害、意外损失；因管理不善造成物资损坏、变质和短缺等。各种原因都会导致账实不一致。为了保证会计账簿记录的真实性和准确性，必须在账簿记录的基础上，运用财产清查这一方法，对单位内的各项财产物资和货币资金等进行定期或不定期的清查，使账簿记录和实存数额相一致，保证会计核算资料的真实性、完整性。

所谓财产清查，是指通过对财产物资、现金的实地盘点和对银行存款、往来款项的核对，来确定各项财产物资、货币资金、往来款项的实存数，并查明实存数与账面数是否相符的一种会计核算方法。

（二）财产清查的意义

财产清查是发挥会计监督职能作用的重要方面，为了加强会计监督，保护和管理好各项财产物资，确保会计核算资料的真实性和正确性，做到账实相符，就必须进行财产清查。因此，财产清查对企业经济活动正常有序的进行具有十分重要的意义。主要表现在：

1. 保证会计资料的真实、可靠

会计信息资料的真实可靠是会计核算原则对会计信息的一般要求，通过财产清查，可以确定各项财产物资的实存数，将账面结存数和实际结存数进行核对，确定账实是否相符。若不相符，查明原因，根据不同情况及时调整账簿记录，做到账实相符，以保证账簿记录的真实、正确，为编制财务报表和进行管理提供可靠的信息。

2. 保护财产物资的安全、完整

企业从事生产经营活动必然拥有一定数量的财产物资，保护企业财产物资的安全和完整是企业的一项重大任务。通过财产清查，可以查明账实是否相符，财产物资有无短缺毁损，发现问题及时采取相应措施，堵塞漏洞，进一步完善财产物资保管的经济责任制等各项规章制度，以保护各项财产物资的安全和完整。

3. 挖掘财产潜力，加速资金的周转

通过财产清查，可以及时了解各项财产物资的储备和利用情况，以便及时采取相应的措施，提高财产物资的使用效率。如发现企业有闲置不用、呆滞积压的财产物资应及时加以处理，并分析原因，采取措施，改善经营管理，以充分发挥他们的效能。这样，可以使财产物资得到充分合理的利用，加速资金周转，提高企业的经济效益。

4. 保证财经纪律和结算制度的贯彻、执行

通过对财产、物资、货币资金及往来款项的清查，可以查明有关业务人员是否遵守财经纪律和结算制度，有无贪污盗窃、挪用公款的情况发生；可以查明各项资金的使用是否合理，是否符合党和国家的方针、政策和法规，从而使工作人员更加自觉地遵纪守法，自觉维护和遵守财经纪律。

（三）财产清查的种类

财产清查可以按照不同的标准进行分类，主要有以下三种分类：

1. 按财产清查的范围不同可分为全面清查和局部清查

（1）全面清查

全面清查是指企业对所有财产物资和往来款项进行全面彻底的盘点和核对。全面清查的特点是涉及范围广，需要时间长，工作量较大，因此进行全面清查通常是在下列情况下进行的：

①年终结算前，要进行全面清查，以保证会计年度财务报告真实、可靠；

②单位撤销、合并或改变隶属关系时，要进行全面清查，以明确经济责任；

③开展清产核资、资产评估时，要进行全面清查；

④单位主要负责人调离工作时，要进行全面清查。

企业实施全面清查的主要内容包括：

①现金、银行存款等货币资金的实有金额与账面金额是否一致；

②固定资产、原材料、在产品、半成品、产成品、在途的各种材料物资及其他物资的实存数与账面数量是否一致；

③各种往来结算款项，包括应收款项、应付款项是否存在，并确定与债权、债务单位相应的债权、债务金额是否一致；

④各项投资是否存在，投资收益是否按照国家统一的会计准则进行确认和计量；

⑤在建工程的实际发生额与账面记录是否一致。

（2）局部清查

局部清查是指根据需要对企业一部分财产物资所进行的清查。局部清查的特点是范围小、内容少、涉及的人员也少，但专业性较强。局部清查的内容一般包括：

①对现金的清查，应由出纳人员在每日业务终了进行清点核对，做到日清月结；

②对于银行存款和银行借款的清查，应由出纳人员每月与银行至少核对一次；

③对于原材料、产成品、在产品及在途材料、贵重物品，应每月清查盘点一次；

④对各种债权、债务款项，每年至少要同债权人、债务人核对一至两次，发现问题及时解决，避免坏账损失。

2. 按财产清查的时间不同可分为定期清查和不定期清查

（1）定期清查

定期清查是指根据管理制度的规定或预先计划安排的时间对财产物资所进行的清查。这种清查的对象不定，可以是全面清查，也可以是局部清查。一般是在年末、季末或月末结账时进行。如出纳人员每天进行的现金盘点和每月进行的与银行存款的对账工作，都属于定期清查。

（2）不定期清查

不定期清查也称临时清查，是指根据实际需要临时进行的财产清查。一般是在更换财产物资保管人员、企业撤销、合并或发生财产损失等情况时所进行的清查。

3. 按清查执行单位分类，可分为内部清查和外部清查

（1）内部清查

内部清查是由企业自行组织清查工作小组所进行的财产清查工作。

（2）外部清查

外部清查是由上级主管部门、审计机关、司法部门或注册会计师根据国家的有关规定或实际需要对企业所进行的财产清查。

五、盘存制度和清查方法

（一）财产物资的盘存制度

盘存制度是指通过对实物的清查和核对，确定财产物资的实际结存情况的一种制度。根据财产物资的特点可以采用永续盘存制和实地盘存制两种。

1. 永续盘存制

永续盘存制又叫账面盘存制，就是对财产物资的增加和减少，平时都要根据会计凭证连续地记入有关账簿，并随时结出账面余额的一种核算方法。

在永续盘存制下，其计算公式为：

账面期末余额 = 账面期初余额 + 本期增加额 − 本期减少额

采用永续盘存制的优点是：会计核算手续严密，可随时掌握财产物资的收入、发出和结存的情况，并进行数量和金额的双重控制，从而可加强对财产物资的日常管理。其缺点是：财产明细分类核算工作量较大，财产物资的日常收、发都要记录并结算出余额，会计核算的工作量较大。一般情况下，各企业单位均采用永续盘存制。

【例 8－1】 光明企业甲材料某月期初结存数量为 200 kg，材料单价为 10 元/kg。本月发生下列收入、发出材料业务：

2 日，购进甲材料入库 1 000 kg，实际成本为 10 000 元；

6 日，生产领用 800 kg，实际成本 8 000 元；

13 日，购进甲材料入库 1 500 kg，实际成本 15 000 元；

19 日，生产领用 1 200 kg，实际成本 12 000 元；

23 日，生产领用 500 kg，实际成本 5 000 元；

26 日，购进甲材料入库 1 000 kg，实际成本 10 000 元。

根据永续盘存制的方法，甲材料明细账上的收入、发出和结存情况见表 8－1 所示。

表 8－1 材料明细账

材料名称：甲材料　　单位：元

年		凭证		摘要	单价	收入		发出		结存	
月	日	字	号			数量（kg）	金额（元）	数量（kg）	金额（元）	数量（kg）	金额（元）
×	1			期初余额	10					200	2 000
	2			购入	10	1 000	10 000			1 200	12 000
	6			生产领用	10			800	8 000	400	4 000
	13			购入	10	1 500	15 000			1 900	19 000
	19			生产领用	10			1 200	12 000	700	7 000
	23			生产领用	10			500	5 000	200	2 000
	26			购入	10	1 000	10 000				
	31			本月发生额及余额	10	3 500	35 000	2 500	25 000	1 200	12 000

2. 实地盘存制

实地盘存制又称定期盘存制，是指企业在日常经营活动中，在账簿中只登记财产物资的增加数，不登记减少数，期末通过实地盘点来确定结存数量，倒挤出本期减少数的方法。

在实地盘存制下，本期减少数的计算公式为：

本期减少数＝期初结存数＋本期增加数－期末实存数

采用实地盘存制的优点是：简化了财产的明细分类核算工作。其缺点包括：平时对各项财产的收入、发出和结存没有严密的手续，不能及时提供各种财产收入、发出、结存的动态信息，不利于进行日常管理和监督；由于期末通过倒挤的方法计算财产减少数，这就使财产减少数中的成分复杂化，除正常耗用或销售以外，把可能存在的损耗、差错、短缺等隐含在本期耗用或销售成本中，这既不利于财产的管理，又影响了成本计算的正确性。

【例 8－2】仍以上例资料为例，假设期末实地盘点甲材料的结存数量为 1 000 kg。按照实地盘存制，甲材料明细账上的收入、发出和结存情况见表 8－2 所示。

表 8－2 材料明细账

材料名称：甲材料 单位：元

年		凭证		摘要	单价	收入		发出		结存	
月	日	字	号			数量（kg）	金额（元）	数量（kg）	金额（元）	数量（kg）	金额（元）
×	1			期初余额	10					200	2 000
	2			购入	10	1 000	10 000				
	13			购入	10	1 500	15 000				
	26			购入	10	1 000	10 000				
	23			生产领用				2 700	27 000		
	31			本月发生额及余额	10	3 500	35 000	2 700	27 000	1 000	10 000

（二）财产清查的准备工作

财产清查是改善经营管理，加强会计核算的一项复杂细致的工作，涉及面广，内容多，政策性强，工作量大。因此在财产清查之前必须做好相关的准备工作。主要包括以下内容：

1. 清查小组制定财产清查计划，确定清查对象和清查范围。

2. 确定清查人员，明确清查任务。

3. 会计部门要将总账、明细账等有关资料登记齐全，核对正确，结出余额。保管部门对所保管的各种财产物资以及账簿、账卡挂上标签，标明品种、规格、数量，以备查对。

4. 对于银行存款和银行借款应该从银行取得对账单，以便查对。

5. 对需要使用的度量衡器，要提前校验正确，保证计量准确。对应用的所有表册，都要准备妥当。

（三）财产清查的方法

由于财产物资种类繁多，存在的形态不同，保管、使用的情况不一样，因此，对实物、货币资金和结算款项等应采取不同的方法进行清查。

1. 实物的清查

实物资产主要包括材料、半成品、在产品、产成品、低值易耗品、包装物、固定资产等。对于这类实物资产都要从数量和质量上进行清查。由于实物的形态、体积、重量、堆放方式等不尽相同，因此所采用的清查方法也不尽相同。常用的方法主要有以下几种：

（1）实地盘点法，即通过逐一清点或用计量器具来确定实物的实存数量。该方法计量准确，适用的范围较广，在多数财产物资清查中都可以采用这种方法。

（2）技术推算法，是指对各项财产物资通过量方、计尺等技术推算财产物资的结存数量。这种方法的计算不是十分准确，只适用于成堆量大、价值不高、难以逐一清点的财产物资的清查。例如，露天堆放的煤炭等。

在实物清查过程中，实物保管人员和盘点人员必须同时在场，并参加实地盘点工作。对于盘点结果，应如实登记盘存单（盘存单的格式见表8-3所示），并由盘点人和实物保管人签字或盖章，以便明确经济责任。盘存单既是记录盘点结果的书面证明，也是反映财产物资实存数的原始凭证。

表8-3　　盘存单

单位名称：　　盘点时间：　　编　　号：

财产类别：　　存放地点：　　金额单位：

序号	名称	规格型号	计量单位	数量	单价	金额	备注

盘点人签章：　　实物保管人签章：

为了查明实存数与账存数是否一致，确定盘盈或盘亏情况，应根据盘存单和有关账簿的记录，编制“实存账存对比表”（实存账存对比表的格式见表8-4所示），以明确经济责任的依据。

表8-4　　实存账存对比表

年　　月　　日

序号	名称	规格型号	计量单位	单价		对比结果								备注
						实存		账存		盘盈		盘亏		
						数量	金额	数量	金额	数量	金额	数量	金额	

主管人员签章：　　会计签章：　　制表签章：

2. 库存现金的清查

库存现金的清查是指对单位的库存现金和有价证券所实施的清查。有价证券包括国库券、其他金融债券、公司债券、股票等。由于现金的收支业务十分频繁，容易出现差错，因此需要出纳人员经常进行现金清查。清查前，出纳人员应将现金收款凭证和付款凭证全部登记入账；清查盘点时，出纳人员必须在场，现钞应逐张查点，还应注意有无违反现金管理制度的现象，编制现金盘点报告表，并由盘点人员和出纳人员签章。现金盘点报告表见表8-5所示。

表 8－5　　　　　　　　　　现金盘点报告表

单位名称：　　　　　　　　　　年　　月　　日

实存金额	账存金额	对比结果		备注
		盘盈	盘亏	

盘点人签章：　　　　　　　　　　　　出纳员签章：

3. 银行存款的清查

银行存款的清查，与实物和现金的清查方法不同，它是采用与银行核对账目的方法来进行的。即将单位的银行存款日记账与从银行取得的对账单逐笔核对，以确定银行存款的收入、支出和结余的记录是否正确的一种方法。通过核对，企业银行存款日记账余额与银行对账单余额往往不一致，其主要原因有两个：一是双方账目发生错账、漏账；二是正常的"未达账项"。所谓"未达账项"，是指由于双方记账时间不一致而发生的一方已经入账，而另一方尚未入账的款项。

未达账项，主要有以下几种情况：

（1）企业已收款入账，登记银行存款增加，但银行尚未入账。

（2）企业已付款入账，登记银行存款减少，但银行尚未入账。

（3）银行已代企业收款记账，登记银行存款增加，但企业尚未记账。

（4）银行已代企业付款记账，登记银行存款减少，但企业尚未记账。

上述任何一种情况的发生，都会使双方的账面存款余额不一致。因此在进行银行存款清查时，必须将企业的银行存款日记账与银行对账单逐笔核对。如果发现企业有错账或漏账，应立即更正；如果发现银行有错账或漏账，应及时通知银行查明更正；如果发现有未达账项，则应据以编制银行存款余额调节表进行调节，验证调节后余额相等。

【例 8－3】 假设某企业 2010 年 6 月 30 日银行存款日记账的账面余额为 62 000 元，银行对账单的余额为 68 000 元，经逐笔核对，发现有下列未达账项：

（1）企业收到 2 000 元转账支票一张，将支票存入银行，银行尚未记账。

（2）企业开出 3 500 元转账支票一张，企业已记银行存款减少，银行尚未记账。

（3）委托银行收回货款 6 000 元，收款通知尚未到达企业，企业尚未记账。

（4）银行代付电费 1 500 元，付款通知尚未到达企业，企业尚未记账。

根据以上资料编制银行存款余额调节表见表 8－6 所示。

表 8 -6 银行存款余额调节表

单位名称： 2010 年 6 月 30 日

项　　目	金　　额	项　　目	金　　额
企业银行存款账面余额	62 000	银行对账单的存款余额	68 000
加：银行已收企业未收款项	6 000	加：企业已收银行未收款项	2 000
减：银行已付企业未付款项	1 500	减：企业已付银行未付款项	3 500
调节后的存款余额	66 500	调节后的存款余额	66 500

如果调节后双方余额相等，则一般说明双方记账没有差错；如不相等，则表明企业方或银行方或双方记账有差错，应进一步核对，查明原因予以更正。

上述方法，同时也适用于各种银行借款的清查。但在清查银行借款时，还应检查借款是否按规定的用途使用，是否按期归还。

4. 往来款项的清查

往来款项主要包括各种应收账款、应付账款、预付账款和预收账款等。

对往来结算款的清查，采用与对方核对账目的方式进行。在与对方单位核对前，首先应将本单位的账目核对清楚，确保准确无误，没有遗漏。然后再给对方发出“往来款项对账单”，寄送给对方。对账单应按照明细账逐笔抄列一式两联，一联由对方留存，另一联作回单，由对方核对后盖章寄回。在收到对方回单后，应填制往来账项清查表，其格式见表 8 -7 所示。

表 8 -7 往来账项清查表

单位名称 年 月 日

总分类账户和有关明细分类账户	账面结存余额	对方结存余额	清查结果		核对不符原因分析				备注
			核对相符金额	核对不符金额	未达账项金额	有争议的款项	无法收回款项	其他	

进行往来账项的清查后，要及时偿还该偿还的账款，催收该收回的账款，有争议的款项、没有回收希望的款项或者是无法支付的款项应及时采取相应的措施，避免长期拖欠或产生坏账损失。

六、财产清查结果的账务处理

对于财产清查中发现的各种问题，都必须认真查明原因，根据国家有关的政策、法令和制度规定，严肃认真地予以处理。财产清查的结果有下面三种情况：第一，实存数大于账存数，即盘盈；第二，实存数小于账存数，即盘亏；第三，实存数等于账存数，账实相符。

财产清查的结果处理一般指的是对账实不符，即前两种情况的处理。对于账实相符的，在会计上不进行处理。

（一）财产清查结果的账户设置

为了核算和监督单位在财产清查中查明的各项财产物资的盘盈、盘亏和毁损及其处理情况，应设置“待处理财产损溢”账户，该账户用于核算企业在财产清查过程中查明的各种财产盘盈、盘亏和毁损的价值。借方登记发生的待处理财产物资的盘亏和毁损数以及按规定报经批准后转销的财产物资的盘盈数；贷方登记发生的待处理财产物资的盘盈数，以及按规定报经批准后转销的财产物资的盘亏和毁损数；期末余额在借方，表示尚未处理的各项财产物资的净损失；期末余额在贷方，表示尚未处理的各项财产物资的净溢余。根据需要，该总账户可设“待处理财产损溢——待处理流动资产损溢”和“待处理财产损溢——待处理固定资产损溢”两个明细账户。见表 8 – 8 所示。

表 8 – 8　　待处理财产损溢

借方	贷方
（1）财产物资的盘亏及毁损数额 （2）经批准转销的财产物资的盘盈数额	（1）财产物资的盘盈数额 （2）经审批转销的财产物资盘亏及毁损数额
余额：尚待处理的财产物资盘亏数大于盘盈数额	余额：尚待处理的财产物资盘盈数大于盘亏数额

（二）财产清查结果的账务处理

对财产清查中发现的财产物资盘盈、盘亏及毁损数额，应该认真查明发生差异的原因，明确责任，提出处理意见，并按照规定程序报经有关部门审批处理。

1. 盘盈的账务处理

造成财产盘盈的原因主要有在保管过程中可能发生的自然增量，记录过程中可能发生的错记、漏记或在计算上的错误等。发生财产盘盈则意味着企业的资产增加，有关费用减少。

当企业发生现金、原材料、库存商品等流动资产盘盈时，按盘盈数额借记“库存现金”、“原材料”、“库存商品”等账户；贷记“待处理财产损溢——待处理流动资产损溢”账户。如果盘盈的流动资产是由正常经营业务造成的，经审批后冲减管理费用；如果盘盈的流动资产是由非正常的原因造成的，应计入营业外收入。

【例 8 – 4】某企业在财产清查中发现盘盈原材料 1 200 元。批准前，根据“实存账存对比表”所确定的原材料盘盈数，编制如下会计分录。

借：原材料　　1 200

　　贷：待处理财产损溢——待处理流动资产损溢　　1 200

经查明，上述材料盘盈的原因是计量不准确造成的，经上级批准冲减管理费用，编制如下会计分录。

借：待处理财产损溢——待处理流动资产损溢　　1 200

　　贷：管理费用　　1 200

企业在财产清查中盘盈的固定资产，作为前期差错处理。盘盈的固定资产通过“以前年度损益调整”科目核算。

2. 盘亏、毁损的账务处理

造成财产盘亏、毁损的原因有很多，如在保管过程中发生的自然损耗；记录过程中发生的错记、漏记、重记等；管理不善或由于工作人员的失职而造成的财产损失、变质等；不法分子贪污盗窃、徇私舞弊；自然灾害等。

当发生固定资产盘亏时，应按照固定资产盘亏的数额，贷记“固定资产”账户，按已经计提的折旧额借记“累计折旧”账户，按固定资产的净值借记“待处理财产损溢——待处理固定资产损溢”账户，净损失应计入“营业外支出”账户。

【例8－5】某企业在财产清查中，发现盘亏机器一台，原值9 000元，已提折旧5 000元。

批准前，根据“实存账存对比表”的记录，编制如下会计分录。

借：待处理财产损溢——待处理固定资产损溢　　4 000

　　累计折旧　　5 000

　　贷：固定资产　　9 000

经批准，盘亏的固定资产净损失作为营业外支出，编制如下会计分录。

借：营业外支出　　4 000

　　贷：待处理财产损溢——待处理固定资产损溢　　4 000

当发生原材料、库存商品等流动资产盘亏时，应借记“待处理财产损溢——待处理流动资产损溢”和“其他应收款”等账户，贷记“原材料”等账户。如属于定额范围内的自然损耗，则应计入“管理费用”；如果是由于管理人员的过失造成的，则应由过失人赔偿，计入“其他应收款”；如果属于非正常的原因造成的，应经批准列入“营业外支出”。

【例8－6】某企业在财产清查中发现甲材料盘亏200公斤，每公斤15元，库存现金短缺26元。批准前，编制如下会计分录。

借：待处理财产损溢——待处理流动资产损溢　　3 536

　　贷：库存现金　　26

原材料——甲材料　　3 000

应交税费——应交增值税（进项税额转出）　　510

经查实，盘亏的甲材料属意外灾害造成。现金短缺，经核实是出纳人员的过失造成的，由出纳员赔偿。

根据批准意见，编制如下会计分录。

借：营业外支出　　3 510

其他应收款　　26

贷：待处理财产损溢——待处理流动资产损溢　　3 536

3. 债权、债务往来款项清查结果的账务处理

在财产清查中，对债权、债务往来款项清查结果的账务处理，并不需要通过“待处理财产损溢”账户。而是在原有账面记录的基础上，经批准直接转账冲销。对于那些无法收回的应收款项，借记“坏账准备”账户，贷记“应收账款”等账户；对于那些无法支付的应付款项，借记“应付账款”等账户，贷记“营业外收入”账户。

【例8-7】某企业在年终财产清查中发现，应收账款实际发生坏账损失4 000元。经批准后，编制如下会计分录。

借：坏账准备　　4 000

贷：应收账款　　4 000

【例8-8】某企业在财产清查中，发现长期无法支付的应付账款3 000元。经核实，发现对方单位已解散，经批准转销。编制如下会计分录。

借：应付账款　　3 000

贷：营业外收入　　3 000

七、错账查找与更正方法

在对账时如果发现错误，应该及时查明原因，并采用规范的方法进行更正。

（一）错账查找方法

在查找错账时，可以采用全面查找的方法，即将账簿资料和会计凭证进行逐一核对。为减少工作量，可以先采用简化方法进行查找，如差额法、除二法、除九法等。

1. 差额法

差额法是根据账账之间的差额来查找错误的方法。在记账时有时会发生漏记某笔经济业务的情况。如在编制总账发生额试算平衡表时，若借方发生额合计为900 000元，贷方发生额合计为1 000 000元，差额为100 000元，在查找错误时注意发生额是100 000元的经济业务。假如单位有一笔业务是以银行存款偿还前欠货款100 000元，应借记“应付账款”100 000 元，贷记“银行存款”100 000 元，但却漏记了“应付账款”借方 100 000 元，就会导致上述错误。

2. 除二法

除二法是根据账账之间的差额数字除以二的结果来查找错误的方法。在记账时有时会发生记错方向的情况。如差额法中的举例，如果在查找发生额是 100 000 元的经济业务时未发现错误，可以查找发生额是 50 000（100 000 ÷ 2 = 50 000）元的经济业务。假如单位有一笔业务是以银行存款偿还前欠货款 50 000 元，应借记“应付账款”50 000 元，贷记“银行存款”50 000 元，若错将“应付账款”借方 50 000 元计入贷方，也会导致上述在试算平衡时的错误。

3. 除九法

除九法是根据账账之间的差额除以九的结果查找错误的方法。这种方法适用于数字错位或邻数倒置的情况。

数字错位，是指在记账时将数字的位数记错。如将 1 500 写成 150（大变小）或 15 000（小变大）等，错误数字和正确数字之间的差额是 9 的倍数。

如果将数字写小，则正确数和错误数之间的差额是正数，将差额除以 9 所得的商数即为错写的数字，将商数乘以 10 即为正确的数字。如将 1 500 写成 150，二者差额为 1 350，1 350 除以 9 得商数 150，150 为错写的数字，150 乘以 10 得商数 1 500，1 500 为正确的数字。

如果将数字写大，则正确数和错误数之间的差额是负数，将差额除以 9 所得商数的绝对值即为正确的数字，将商数乘以 10 得到的数的绝对值即为错误的数字。如将 1 500 写成 15 000，正确数和错误数之间的差额为 −13 500，−13 500 除以 9 得 −1 500，−1 500 的绝对值 1 500 为正确的数字，1 500 乘以 10 得 15 000，15 000 为错写的数字。

邻数倒置是指在记账时将相邻的两个数字互换位置，如将 12 写成 21，或将 72 写成 27 等。邻数颠倒的结果是出现的差额为 9 的倍数。将差额除以 9，商数为两个邻数的差。如 21 − 12 = 9，9 ÷ 9 = 1，1 = 2 − 1；72 − 27 = 45，45 ÷ 9 = 5，5 = 7 − 2。可以在差值为所计算出的结果范围内去查找错误。

（二）错账更正方法

在会计核算过程中，出现错误是在所难免的，关键是针对不同错误，采用正确的方法进行更正。账簿记录发生错误，不准涂改、刮擦、挖补或者用药水消除字迹，不准重新抄写，必须按如下规范的方法进行更正：划线更正法、红字更正法、补充登记法三种。

1. 划线更正法

划线更正法是指将账簿中错误的文字或数字用红线划去以示注销，并在其正上方写上正确的文字或数字的错账更正方法。

适用条件：在结账前，若发现记账凭证没有错误，而账簿记录有文字或数字错误，采用划线更正法进行更正。

更正方法：在错误的文字或数字上划一条红线，在红线的上方填写正确的文字或数字，并加盖更正人员的名章。对于错误的数字，应在整个数字上划红线，不得只更正其中的错误数字。对于文字错误，则只划去错误的部分即可。划线后，原字迹应清晰可辨，以便事后查考。

如将 2 800 写成 8 200，应在 8 200 整个数字中间划红线，以示注销，再在其上方空白处写上正确的数字，而不能只将前两位数字进行更正。

2 800

~~8 200~~ 张三

2. 红字更正法

红字更正法是指用红字金额编写一张记账凭证并据以入账以冲销原错误记录的错账更正方法，又称红字冲销法。

第一种情况：

适用条件：记账后，在当年内发现记账凭证和账簿中的会计科目错误。

更正方法：用红字金额填写一张与原记账凭证内容完全相同的记账凭证（摘要栏注明“注销×年×月×日×号凭证”），以注销原错误凭证，再用蓝字填写一张正确的记账凭证（摘要栏注明“订正×年×月×日×号凭证”），并分别据以记账。

【例 8－9】生产车间一般耗用领用原材料一批，价值为 1 000 元。编制如下会计分录：

借：生产成本　　1 000

　　贷：原材料　　1 000

更正方法如下：用红字金额填写一张与原记账凭证内容完全相同的记账凭证，以注销原错误凭证（以下分录中□内数字表示红字）。

借：生产成本　　[1 000]

　　贷：原材料　　[1 000]

再用蓝字填写一张正确的记账凭证，并将两张记账凭证分别登记入账。

借：制造费用　　1 000

　　贷：原材料　　1 000

第二种情况：

适用条件：记账凭证和账簿中会计科目无误，只是所记金额大于应记金额。

更正方法：将多记的金额用红字编制一张与原记账凭证应借、应贷科目完全相同的记账凭证（摘要栏注明“注销×年×月×日×号凭证多记金额”），以冲销多记金额，并据以入账。

【**例8－10**】见例8－9，若编制的记账凭证如下：

借：制造费用　　1 000

　　贷：原材料　　1 000

则更正的会计分录为：

借：制造费用　　900

　　贷：原材料　　900

并据以入账。

3. 补充登记法

补充登记法是用蓝字金额编制一张记账凭证以补充少记金额的错账更正方法。

适用条件：记账后，发现记账凭证和账簿中会计科目无误，只是所记金额小于应记金额。

更正方法：将少记的金额用蓝字编制一张与原记账凭证应借、应贷科目完全相同的记账凭证，以补充少记的金额，并据以登记入账。

【**例8－11**】见例8－9，若编制的会计分录为：

借：制造费用　　100

　　贷：原材料　　100

则少记了900元，应用蓝字编制补充的记账凭证如下（摘要栏注明“补充×年×月×日×号凭证少记金额”），并据以入账。

借：制造费用　　900

　　贷：原材料　　900

以上三种错账更正方法的适用范围、更正方法、操作要领见表8－9所示。

表8－9　　错账更正方法的适用范围、更正方法、操作要领

<table>
<tr><th colspan="3">记账凭证</th><th>账簿</th><th>更正方法</th><th>操作要领</th></tr>
<tr><td colspan="3">正确</td><td>错误</td><td>划线更正法</td><td>在账簿中将错误的文字或数字用红线划掉，在其上方用蓝字进行更正，并签名盖章</td></tr>
<tr><td rowspan="3">错误</td><td colspan="2">科目用错</td><td>错误</td><td>红字更正法</td><td>用红字金额编制一张与原凭证科目、方向相同的记账凭证；再用蓝字金额编制一张正确的记账凭证，分别登记入账</td></tr>
<tr><td rowspan="2">金额错误</td><td>多记</td><td>错误</td><td>红字更正法</td><td>将多记部分用红字金额编一张与原凭证科目、方向相同的记账凭证，登记入账</td></tr>
<tr><td>少记</td><td>错误</td><td>补充登记法</td><td>将少记部分用蓝字金额编一张与原凭证科目、方向相同的记账凭证，登记入账</td></tr>
</table>

任务2 期末结账

结账是指将一定期间内的经济业务全部登记入账的基础上，按规定的方法结出各个账户的本期发生额合计数和期末余额，据以编制财务会计报告。为反映单位一定时期的经营成果及期末的财务状况，应将单位在一定会计期间的经济业务结算清楚，计算出各账户的本期发生额合计数及余额，以便定期编制财务会计报告。

一、结账的程序

结账前，应将属于本期内的各项经济业务和应由本期受益的收入、负担的费用全部登记入账。不得把将要发生的经济业务提前入账，也不得把已经在本期发生的经济业务延至下期（甚至以后期）入账。结账的基本程序具体表现为：

（一）将本期内发生的经济业务事项全部登记入账，并保证其正确性，若发现账簿记录错漏，应按规定的方法及时予以更正。

（二）根据权责发生制的要求，进行有关账项调整，合理确定本期的应计收入和应计费用。

1. 应计收入与应计费用的调整

应计收入是指属于本期但因款项未收而尚未登记入账的收入。企业发生的应计收入，主要是指在本期发生并且符合收入确认条件，但尚未收到款项的销售业务。对于这类调整事项，应借记“应收账款”等科目，贷记“主营业务收入”等科目；待以后收妥款项后，再借记“银行存款”等科目，贷记“应收账款”等科目。

应计费用是指属于本期但因款项未付而尚未确认的费用。如企业应付未付的借款利息，由于利息已经发生，尽管没有支付，也应借记“财务费用”等科目，贷记“应付利息”等科目；当以后支付利息时，再借记“应付利息”，贷记“银行存款”等科目。

2. 收入分摊和成本费用分摊的调整

收入分摊是指企业已经收取款项，但销售未实现或未全部实现，需在期末按本期已实现的比例分摊确认本期的收入金额，并调整以前预收款时形成的负债，如企业销售商品预收定金。在预收款项时，应借记“银行存款”等科目，贷记“预收账款”等科目；在确认本期收入时，应借记“预收账款”等科目，贷记“主营业务收入”等科目。

成本费用分摊是指企业已经支出应由多个期间受益，按照一定方法计算的本期应负担的成本费用，如企业购建固定资产和无形资产发生的支出等。在发生支出时，应借记“固定资产”、“无形资产”等科目，贷记“银行存款”等科目。在会计期末进行摊销时，应借记“制造费用”、“管理费用”、“销售费用”等科目，贷记“累计折旧”、“累计摊销”等科目。

3. 将损益类账户余额转入“本年利润”科目，结平所有损益类账户。

4. 结算出资产、负债和所有者权益类账户的本期发生额合计数和期末余额，并结转下期。

二、结账的方法

结账工作在期末进行，分月结、季结和年结。为了突出本期发生额合计数及期末余额，表示本期间的会计核算工作已经结束，将本期与下期的会计记录明显分开，结账时采用划线结账法。月结、季结通栏划单红线，年结通栏划双红线。结账时不同的账户记录应采用不同的结账方法，具体内容如下：

1. 库存现金、银行存款日记账和需要按月结计发生额的收入、费用等明细账的结账方法：每月结账时，要在最后一笔经济业务下面通栏划单红线，结出本月发生额合计数和月末余额，在摘要栏内注明“本月合计”字样，再在下面通栏划单红线。

2. 不需要按月结计发生额的债权、债务和财产物资等明细分类账户的结账方法：每次记账后要在该行余额栏内随时结出余额，每月最后一笔余额即为月末余额。月末结账时，只需在最后一笔经济业务事项记录下面通栏划单红线，不必再结计一次余额。

3. 需结计本年累计发生额的收入、费用等明细账户的结账方法：每月结账时，应先按照需要按月结计发生额的明细账的结账方法进行月结，再在“本月合计”行下注明“本年累计”字样，并结出自年初起至本月末止的累计发生额，登记在本月发生额下面，并在下面通栏划单红线。12 月末的“本年累计”即为全年累计发生额，“本年累计”行下应通栏划双红线。

4. 总账账户的结账方法：总账账户平时只需结出月末余额，不需要结计本月发生额合计数。每月结账时，应计算出月末余额并写在最后一笔经济业务记录的同一行内的余额栏内，并在下面通栏划单红线。年终结账时，将所有总账账户结出全年发生额合计数和年末余额，在摘要栏内注明“本年合计”字样，并在“本年合计”行下面通栏划双红线。

5. 年终结账时，有余额的账户，需将其余额结转到下一会计年度，并在摘要栏内注明“结转下年”字样；在下一会计年度新建有关会计账簿的第一行余额栏内登记上年结转的余额，并在摘要栏内注明“上年结转”字样。

结转下年时，既不需要编制记账凭证，也不必将余额记入本年账户的借方或贷方，使本年有余额的账户余额变为零，而应使有余额的账户的余额保留在账户中，以免将有余额的账户和无余额的账户相混淆。

任务3　会计账簿的更换与保管

一、会计账簿的更换

会计账簿的更换通常在新会计年度建账时进行。会计账簿是核算经济业务的重要历史资料和证据，为使每个会计年度的账簿资料清晰明了和便于保管，一般来说，总账、日记账和多数明细账需每年更换一次。年度终了按规定办好结账手续后，就应更换旧账簿、启用新账簿，并将余额结转到新账簿中。但有些财产物资明细账和债权债务明细账，由于材料等的品种、规格繁多，往来单位也较多，若更换新账簿，重抄一遍工作量比较大，因此，这些账簿可以跨年度使用，不必每年更换一次。卡片式账簿（如固定资产卡片），以及各种备查账簿，都可以连续使用。

二、会计账簿的保管

会计账簿是重要的经济档案，各单位必须按规定妥善保管，确保其安全完整。

（一）会计账簿的装订

年度终了更换新账簿后，应将各种使用过的账簿（跨年度使用的账簿除外）及时装订整理立卷。

1. 装订前的整理：首先按“账簿启用和经管人员一览表”的使用页数核对账页是否齐全，编号是否连续；然后按账簿封面、账簿启用表、账户目录、按编号顺序排列的账页、封底的顺序装订。

2. 活页账簿的装订：装订前应除去空白账页和账夹，将账页顺序编号，用质地好的牛皮纸做封面和封底，装订成册。不同格式的活页账不得混装，应按同类业务、同种账页装订在一起。应在装订好的封面上填明账簿的种类、编号和卷号，并由会计主管人员和装订人员签章。

3. 账簿装订后的要求：会计账簿封口处要加盖有关印章。封面应平整，内容要齐全，并注明账簿名称和编号及所属会计年度。账页要完整，不得有折角、缺角、错页、掉页、加空白纸等现象。会计账簿要按保管期限不同分别编制卷号。

（二）会计账簿的移交

年终结账并建立新账后，旧账可暂由本单位财务会计部门保管一年，一般送交总账会计集中统一管理；期满后原则上应由会计部门移交本单位档案部门保管。移交时需编制移交清册，填写交接清单，交接人员按移交清册和交接清单各项目核查无误后签名盖章，并在“账簿启用及经管人员一览表”中填写移交日期。

整理归档的会计账簿作为会计档案供本单位使用，不得借出，如有特殊需要，经上级主管单位或本单位领导、会计主管人员批准，可以提供查阅或者复制，并要按规定办理登记手续。

◎ 小结 ◎

账簿是会计核算工作的中间环节，是填制和审核会计凭证工作的延伸，是编制财务会计报告的重要依据。

账簿按用途可分为序时账簿、分类账簿和备查账簿三类。序时账簿是按照经济业务发生时间的先后顺序逐日逐笔进行登记的账簿。单位必须设置现金日记账和银行存款日记账。分类账簿是对各项经济业务按照账户分类登记的账簿，分为总分类账和明细分类账。单位应设置总分类账，并根据经营管理的需要设置明细账。备查簿没有固定格式，各单位可根据需要自行选择设置。会计账簿按其外表形式分为订本账簿、活页账簿和卡片账簿三种；按账页格式分为三栏式账簿、多栏式账簿和数量金额式账簿。

登记账簿是会计核算的一种专门方法，必须遵循账簿启用和登记规则，并按规范的更正方法进行更正。错账更正方法包括划线更正法、红字更正法和补充登记法三种。

对账是保证会计账簿登记质量的重要环节。对账包括账证核对、账账核对、账实核对等内容。

财产清查是保证会计核算资料真实、正确的会计核算的专门方法，同时对于加强企业管理、充分发挥会计的监督作用具有重要意义。

财产清查按照清查的范围可分为全面清查和局部清查；按照财产清查的时间分为定期清查和不定期清查。按清查执行单位分类，可分为内部清查和外部清查。财产物资的盘存制度分为永续盘存制和实地盘存制两种。

财产清查的方法取决于清查对象的特点，库存现金的清查采用实地盘点法；银行存款的清查采用核对账目法；实物资产常采用实地盘点法和技术推算法；往来款项采用发函询证的方法进行核对。

会计期末，单位应按规定进行结账，为编制财务会计报告提供所需的资料。

会计账簿是重要的档案资料，各单位必须按规定妥善保管，并按规定进行更换。

◎ 技能操作训练 ◎

一、单项选择题

1. 下列必须采用订本式账簿的是（　　）。

A. 现金和银行存款日记账　　B. 多栏式明细账

C. 卡片账　　D. 三栏式明细账

2. 将现金存入银行，登记银行存款日记账的依据是（　　）。

A. 现金收款凭证　　B. 银行存款付款凭证

C. 银行存款收款凭证　　D. 现金付款凭证

3. 下列一般采用卡片式账簿的是（　　）。

A. 固定资产明细账　　B. 本年利润明细账

C. 固定资产总账　　D. 备查账

4. 下列不属于错账更正方法的是（　　）。

A. 划线更正法　B. 平行登记法　C. 红字更正法　D. 补充登记法

5. 企业年终决算前，需要对（　　）。

A. 所有财产进行实物盘点　　B. 所有财产进行全面清查

C. 重要财产进行局部清查　　D. 流动性较大的财产进行重点清查

6. 企业在遭受自然灾害后，对其受损的财产物资进行的清查，属于（　　）。

A. 局部清查和定期清查　　B. 全面清查和定期清查

C. 局部清查和不定期清查　　D. 全面清查和不定期清查

7. 库存商品因管理不善盘亏，经批准核销时，应借记（　　）账户。

A. 管理费用　B. 库存商品　C. 营业外支出　D. 待处理财产损溢

8. 现金清查中，无法查明原因的长款，应记入（　　）账户核算。

A. 其他应付款　B. 营业外收入　C. 管理费用　D. 其他应收款

9. 一般来说，单位撤销、合并或改变隶属关系时，要进行（　　）。

A. 全面清查　B. 实地盘点　C. 局部清查　D. 定期清查

二、多项选择题

1. 会计账簿按用途分为（　　）。

A. 订本账　B. 日记账　C. 分类账　D. 备查账

2. 会计账簿按账页格式分为（　　）。

A. 三栏式　B. 多栏式　C. 数量金额式　D. 活页式

3. 下列属于对账的内容的是（　　）。

A. 账账核对　B. 账证核对　C. 账单核对　D. 账实核对

4. 下列应采用数量金额式账簿的是（　　）。

A. 库存商品明细账　　B. 原材料明细账
C. 应付账款明细账　　D. 生产成本明细账

5. 下列应采用多栏式账簿的是（　　）。
A. 原材料明细账　　B. 生产成本明细账
C. 应收账款明细账　　D. 制造费用明细账

6. 现金日记账根据（　　）登记。
A. 现金收款凭证　　B. 现金付款凭证
C. 有关银行存款付款凭证　　D. 转账凭证

7. 下列可采用三栏式账簿的是（　　）。
A. 日记账　　B. 总账　　C. 应收账款明细账　　D. 生产成本明细账

8. 造成账实不符的原因主要有（　　）。
A. 财产物资的自然损耗　　B. 财产物资收发计量错误
C. 未达账项　　D. 会计账簿漏记、重记、错记

9. 财产清查，按照清查的时间可分为（　　）。
A. 全面清查　　B. 局部清查　　C. 定期清查　　D. 不定期清查

10. 在银行存款对账中，未达账项包括（　　）。
A. 企业未付款入账，银行也未付款入账　　B. 企业未付款入账而银行已付款入账
C. 银行已收款入账，企业也收款入账　　D. 银行已收款入账而企业未收款入账

11. 在财产清查的过程中，应编制并据以调整账面记录的原始凭证有（　　）。
A. 现金盘点报告单　　B. 财产物资清查盘存单
C. 财产清查盈亏明细表　　D. 银行存款余额调节表

12. 永续盘存制对各项财产物资的记录（　　）。
A. 平时根据会计凭证登记减少数　　B. 平时根据会计凭证登记增加数
C. 能随时结出账面余额　　D. 不便于进行会计监督

三、练习错账更正

某企业会计人员 2010 年 5 月份结账前发现如下错误（均已登记入账）：

1. 5 月 31 日从银行提取现金 20 000 元，编制如下会计分录：

借：库存现金　　20 000
　　贷：银行存款　　20 000

在银行存款日记账中登记为 200 000 元。

2. 生产车间管理用设备本月应计提折旧 1 000 元，编制如下会计分录：

借：管理费用　　1 000
　　贷：累计折旧　　1 000

3. 发生广告费 10 000 元，编制会计分录如下：

借：销售费用　　100 000
　　贷：银行存款　　100 000

4. 生产车间生产产品领用原材料一批，金额为 7 000 元，编制如下会计分录：

借：生产成本　　700
　　贷：原材料　　700

要求：说明上述错账更正方法的名称，并说明如何更正。

四、练习日记账的登记

保美公司 2010 年 4 月 30 日银行存款日记账的余额为 200 000 元，5 月份发生如下经济业务：

① 5 月 1 日，销售商品一批，价款 10 000 元，发生的增值税销项税额为 1 700 元，上述款项全部收到，存入银行。

② 5 月 10 日收到甲公司前欠销货款 15 000 元，存入银行。

③ 5 月 15 日，以银行存款购买原材料一批，价款 5 000 元，发生的增值税进项税额为 850 元，材料已经验收入库。

④ 5 月 25 日开出现金支票 2 000 元，从银行提取现金备用。

要求：根据上述业务编制记账凭证，并登记银行存款日记账。

五、练习总账和多栏式明细账的登记

兴达公司 2010 年 6 月 30 日有关账户余额如下："生产成本" 8 000 元，"生产成本——甲产品" 8 000 元。2010 年 7 月发生如下经济业务：

① 7 日，生产甲产品领用原材料 15 000 元。

② 31 日，分配本月生产甲产品工人工资 8 000 元。

③ 31 日，分配本月制造费用，甲产品应负担 4 000 元。

④ 本月甲产品生产完工，验收入库，金额为 28 000 元。

要求：根据上述资料编制记账凭证，并登记生产成本总账和明细账。

六、练习银行存款余额调节表

益民公司 2010 年 6 月 30 日银行存款日记账余额 29 200 元，银行送来的对账单余额为 28 800 元。经逐笔核对后，查明有以下几笔未达账项。

(1) 公司于 6 月 30 日，开出转账支票一张，金额 6 000 元，持票人尚未到银行办理转账手续。

(2) 6 月 30 日，本公司委托银行代收一笔货款 2 000 元，款项银行已收妥入账，公司尚未收到通知入账。

(3) 6 月 30 日，收到 A 公司交来的转账支票 8 300 元，本公司已送交银行办理，并已入账，但银行尚未入账。

(4) 银行扣收电话费 300 元，公司尚未入账。

（5）银行计算的存款利息200元，公司尚未收到通知入账。

要求：以上资料，编制银行存款余额调节表，并确定企业2010年6月30日银行存款的实际结存额。

银行存款余额调节表

2010年6月30日

项 目	金 额	项 目	金 额
企业银行存款账面余额		银行对账单的存款余额	
加：银行已收企业未收款项		加：企业已收银行未收款项	
减：银行已付企业未付款项		减：企业已付银行未付款项	
调节后的存款余额		调节后的存款余额	

七、练习财产清查

益民公司在财清查中发现下列情况：

（1）库存现金清查时发现短缺15元，经反复审核属于无法查明的其他原因，经批准计入管理费用。

（2）甲材料账面结存数量200千克，每千克30元，金额6 000元，全部毁损，残值计价500元。经查明由于自然灾害所致，其损失经批准作为非常损失处理。

（3）乙材料账面结存数量2 500千克，单价每千克40元，价值100 000元，实存数2 400千克，盘亏100千克，价值4 000元。经查属一般经营损失，批准后转入管理费用。

（4）盘亏机器设备一台，账面原值48 000元，已提折旧8 000元。经查盘亏设备属保管不善造成，过失人赔偿30%，其余作为营业外支出处理。

要求：根据以上经济业务，编制会计分录。

学习情境九　编制财务会计报告

[学习目标]

通过学习，能陈述财务报告的构成，会编制资产负债表和利润表，理解附注的作用，了解现金流量表的结构。

任务1　了解财务会计报告的构成

一、财务报告及其目标

财务报告是指企业对外提供的反映企业某一特定日期的财务状况和某一会计期间的经营成果、现金流量等会计信息的文件。财务报告包括财务报表和其他应当在财务报告中披露的相关信息和资料。

财务报告的目标，是向财务报告使用者提供与企业财务状况、经营成果和现金流量等有关的会计信息，反映企业管理层受托责任履行情况，有助于财务报告使用者作出经济决策。财务报告使用者通常包括投资人、债权人、政府及其有关部门和社会公众。

二、财务报表的组成

财务报表是对企业财务状况、经营成果和现金流量的结构性表述。一套完整的财务报表至少应当包括“四表一注”，即资产负债表、利润表、现金流量表、所有者权益变动表以及附注。

三、财务报表的分类

（一）按照财务报表所反映的经济内容不同，可分为静态报表和动态报表。

1. 静态报表。是指综合反映企业某一特定日期资产、负债和所有者权益状况的报表，如资产负债表。

2. 动态报表。是指综合反映企业一定时期的经营情况或现金流动情况的报表，如利润表、现金流量表。

（二）按财务报表编报会计主体不同，可分为个别财务报表和合并财务报表。

1. 个别财务报表。是由企业在自身会计核算的基础上对账簿记录进行加工而编制的只反映企业本身的财务状况、经营成果和现金流量的财务报表。

2. 合并财务报表。是以母公司和子公司所组成的企业集团为会计主体，根据母公司和所属子公司所编制的个别财务报表为基础，由母公司编制的反映整个企业集团财务状况、经营成果和现金流量的财务报表。

（三）按财务报表编报期间的不同，可分为中期财务报表和年度财务报表。

1. 中期财务报表。是指以短于一个完整的会计年度的报告期间为基础编制的财务报表，包括月报、季报和半年报。中期财务报表至少应当包括资产负债表、利润表、现金流量表和附注。其中中期资产负债表、利润表和现金流量表应当是完整的报表，中期财务报表的附注相对于年报来说可以适当简化。

2. 年度财务报表。是以一个完整的会计年度为报告期总括反映企业年终财务状况和经营成果的报表。年度报表应当是完整的财务报表，包括资产负债表、利润表、现金流量表、所有者权益变动表和附注。

任务2 编制资产负债表

一、资产负债表概述

（一）资产负债表的定义和作用

资产负债表是反映企业在某一特定日期的财务状况的会计报表。例如，公历每年12月31日的财务状况，它反映的就是该日的情况。

资产负债表主要提供有关企业财务状况方面的信息，即某一特定日期关于企业资产、负债、所有者权益及其相互关系。资产负债表的作用包括：第一，可以提供某一日期资产的总额及其结构，表明企业拥有或控制的资源及其分布情况，使用者可以一目了然地从资产负债表上了解企业在某一特定日期所拥有的资产总量及其结构；第二，可以提供某一日期的负债总额及其结构，表明企业未来需要用多少资产或劳务清偿债务以及清偿时间；第三，可以反映所有者所拥有的权益，据以判断资本保值、增值的情况以及对负债的保障程度。此外，资产负债表还可以提供进行财务分析的基本资料，如将流动资产与流动负债进行比较，计算流动比率；将速动资产与流动负债进行比较，计算速动比率等，可以表明企业的变现能力、偿债能力和资金周转能力，从而有助于财务报告使用者作出经济决策。

（二）资产负债表的列报格式

根据企业会计准则规定，资产负债表采用账户式的格式（见表9-1所示），即左侧列报资产方（项目），一般按资产的流动性大小排列；右侧列报负债方和所有者权益方，一般按要求清偿时间的先后顺序排列。账户式资产负债表中的资产各项目的合计等于负债和所有者权益各项目的合计，即资产负债表左方和右方平衡。因此，通过账户式资产负债表，可以反映资产、负债、所有者权益之间的内在关系，即“资产＝负债＋所有者权益”。

表9－1　　　　**资产负债表**

会企01表

编制单位：　　　　年　月　日　　　　单位：元

资　产	期末余额	年初余额	负债和所有者权益（或股东权益）	期末余额	年初余额
流动资产：			流动负债：		
货币资金			短期借款		
交易性金融资产			交易性金融负债		
应收票据			应付票据		
应收账款			应付账款		
预付款项			预收款项		
应收利息			应付职工薪酬		
应收股利			应交税费		
其他应收款			应付利息		
存货			应付股利		
一年内到期的非流动资产			其他应付款		
其他流动资产			一年内到期的非流动负债		
流动资产合计			其他流动负债		
非流动资产：			流动负债合计		
可供出售金融资产			非流动负债：		
持有至到期投资			长期借款		
长期应收款			应付债券		
长期股权投资			长期应付款		
投资性房地产			专项应付款		
固定资产			预计负债		
在建工程			递延所得税负债		
工程物资			其他非流动负债		
固定资产清理			非流动负债合计		
生产性生物资产			负债合计		
油气资产			所有者权益（或股东权益）：		
无形资产			实收资本（或股本）		
开发支出			资本公积		
商誉			减：库存股		
长期待摊费用			盈余公积		
递延所得税资产			未分配利润		
其他非流动资产			所有者权益（或股东权益）合计		
非流动资产合计					
资产总计			负债和所有者权益（或股东权益）总计		

二、资产负债表的编制

(一)“年初余额”的填列方法

“年初余额”栏内各项目数字，可根据上年末资产负债表“期末余额”栏内所列数字填列。如果本年度资产负债表规定的各个项目的名称和内容同上年度不相一致，应对上年年末资产负债表各项目的名称和数字按本年度的规定进行调整，按调整后的数字填入该表“年初余额”栏内。

(二)“期末余额”的填列方法

“期末余额”是指某一资产负债表日资产和权益类账户的余额，即月末、季末、半年末或年末的资产权益类账户的余额。资产负债表各项目“期末余额”的填列一般有以下几种情况：

1. 直接根据总账账户的余额填列

“交易性金融资产”、“固定资产清理”、“长期待摊费用”、“递延所得税资产”、“短期借款”、“交易性金融负债”、“应付票据”、“应付职工薪酬”、“应交税费”、“应付利息”、“应付股利”、“其他应付款”、“递延所得税负债”、“实收资本”、“资本公积”、“库存股”、“盈余公积”等项目，应当根据相关总账账户的余额直接填列。

2. 根据几个总账账户的余额计算填列

(1)“货币资金”项目，应当根据“库存现金”、“银行存款”、“其他货币资金”等账户期末余额合计填列。

(2)“存货”，根据“原材料”、“委托加工物资”、“生产成本”、“周转材料”、“材料采购”、“在途物资”、“发出商品”等总账账户期末余额的分析汇总数，加(减)“材料成本差异”账户借方(贷方)余额，再减去“存货跌价准备”账户余额后的净额填列。

3. 根据有关明细账户的余额计算填列

(1)“应收账款”项目根据“应收账款”和“预收账款”账户所属各明细账户的期末借方余额合计，减去“坏账准备”账户中有关应收账款计提的坏账准备期末余额后的金额填列。

(2)“预付账款”项目根据“预付账款”和“应付账款”账户所属各明细账户的期末借方余额合计，减去“坏账准备”账户中有关预付账款计提的坏账准备期末余额后的金额填列。

(3)“应付账款”项目应根据“应付账款”和“预付账款”账户所属各明细账户的期末贷方余额合计填列。

(4)“预收账款”项目根据“预收账款”和“应收账款”账户所属各明细账户的期末贷方余额合计填列。

4. 根据总账账户和明细账账户的余额分析计算填列

如“长期借款”项目，需要根据“长期借款”总账账户余额扣除“长期借款”账户所属的明细账户中将在资产负债表日起一年内到期的长期借款后的金额计算填列。

5. 根据有关科目余额减去其备抵项目后的净额填列

有些项目要根据有关科目余额减去其备抵项目后的净额填列。如资产负债表中的“应收账款”、“应收票据”、“长期股权投资”、“在建工程”等项目，应当根据“应收账款”、“应收票据”、“长期股权投资”、“在建工程”等科目的期末余额减去“坏账准备”、“长期股权投资减值准备”、“在建工程减值准备”等科目的余额后的净额填列。“固定资产”项目，则要根据“固定资产”科目余额减去“累计折旧”和“固定资产减值准备”科目的余额后的净额填列；“无形资产”项目，也是根据“无形资产”科目余额减去“累计摊销”和“无形资产减值准备”科目的余额后的净额填列。

三、资产负债表的编制举例

已知：某有限责任公司 2010 年 12 月 31 的相关科目余额见表 9－2 所示。

表 9－2　　科目余额表

科目名称	借方余额	科目名称	贷方余额
库存现金	3 000	短期借款	60 000
银行存款	800 135	应付票据	250 000
其他货币资金	8 600	应付账款	1 264 000
交易性金融资产	0	其他应付款	50 000
应收票据	70 000	应付职工薪酬	200 000
应收账款	750 000	应交税费	222 731
坏账准备	－3 000	应付利息	0
预付账款	150 000	应付股利	20 000
其他应收款	5 000	长期借款	700 000
材料采购	260 000	股本	5 200 000
原材料	40 000	盈余公积	124 000
周转材料	36 000	利润分配（未分配利润）	176 604
库存商品	2 200 000		
长期股权投资	200 000		
固定资产	2 400 000		
累计折旧	－200 000		
固定资产减值准备	－30 000		
工程物资	180 000		
在建工程	608 000		
无形资产	840 000		
累计摊销	－60 000		
递延所得税资产	9 600		
合计	8 267 335	合计	8 267 335

要求：根据上述资料，编制该公司2010年12月31日的资产负债表（年初余额略）。见表9－3所示。

表9－3 资产负债表

会企01表

编制单位：×有限责任公司 2010年12月31日 单位：元

资　产	期末余额	年初余额	负债和所有者权益（或股东权益）	期末余额	年初余额
流动资产：			流动负债：		
货币资金	811 735		短期借款	60 000	
交易性金融资产			交易性金融负债		
应收票据	70 000		应付票据	250 000	
应收账款	747 000		应付账款	1 264 000	
预付款项	150 000		预收款项		
应收利息			应付职工薪酬	200 000	
应收股利			应交税费	222 731	
其他应收款	5 000		应付利息		
存货	2 536 000		应付股利	20 000	
一年内到期的非流动资产			其他应付款	50 000	
其他流动资产			一年内到期的非流动负债		
流动资产合计			其他流动负债		
非流动资产：	4319735		流动负债合计	2 066 731	
可供出售金融资产			非流动负债：		
持有至到期投资			长期借款	700 000	
长期应收款			应付债券		
长期股权投资	200 000		长期应付款		
投资性房地产			专项应付款		
固定资产	2 170 000		预计负债		
在建工程	608 000		递延所得税负债		
工程物资	180 000		其他非流动负债		
固定资产清理			非流动负债合计	700 000	
生产性生物资产			负债合计	2 766 731	
油气资产			所有者权益（或股东权益）：		
无形资产	780 000		实收资本（或股本）	5 200 000	
开发支出			资本公积		
商誉			减：库存股		
长期待摊费用			盈余公积	124 000	
递延所得税资产	9 600		未分配利润	176 604	
其他非流动资产			所有者权益（或股东权益）合计	5 500 604	
非流动资产合计	3 947 600				
资产总计	8 267 335		负债和所有者权益（或股东权益）总计	8 267 335	

任务3　编制利润表

一、利润表概述

（一）利润表的定义和作用

利润表是反映企业在一定会计期间的经营成果的会计报表。例如，反映某年1月1日至12月31日经营成果的利润表，它反映的就是该期间的情况。

通过利润表，可以反映企业一定会计期间收入的实现情况，如实现的营业收入有多少、实现的投资收益有多少等；可以反映一定会计期间的费用耗费情况，如耗费的营业成本有多少、营业税金及附加有多少及期间费用有多少等；可以反映企业生产经营活动的成果，即净利润的实现情况，据以判断资本保值、增值等情况。将利润表中的信息与资产负债表中的信息相结合，还可以提供进行财务分析的基本资料，如将赊销收入净额与应收账款平均余额进行比较，计算出应收账款周转率；将销货成本与存货平均余额进行比较，计算出存货周转率；将净利润与资产总额进行比较，计算出资产收益率等，可以反映企业资金周转情况及企业的盈利能力和水平，便于报表使用者判断企业未来的发展趋势，作出经济决策。

（二）一般企业利润表的列报格式

企业会计准则规定，企业应当采用多步式列报利润表，将不同性质的收入和费用类进行对比，从而可以得出一些中间性的利润数据，便于使用者理解企业经营成果的不同来源。企业可以分为三个步骤编制利润表：

第一步，以营业收入为基础，减去营业成本、营业税金及附加、销售费用、管理费用、财务费用、资产减值损失，加上公允价值变动收益（减去公允价值变动损失）和投资收益（减去投资损失），计算出营业利润；

第二步，以营业利润为基础，加上营业外收入，减去营业外支出，计算出利润总额；

第三步，以利润总额为基础，减去所得税费用，计算出净利润（或净亏损）。

普通股或潜在普通股已公开交易的企业，以及正处于公开发行普通股或潜在普通股过程中的企业，还应当在利润表中列示每股收益信息。具体列报格式见表9－4所示。

表 9－4　　利润表

会企 02 表

编制单位：　　年　月　日　　单位：元

项　目	本期金额	上期金额
一、营业收入		
减：营业成本		
营业税金及附加		
销售费用		
管理费用		
财务费用		
资产减值损失		
加：公允价值变动收益（损失以“—”号填列）		
投资收益（损失以“—”号填列）		
其中：对联营企业和合营企业的投资收益		
二、营业利润（亏损以“—”号填列）		
加：营业外收入		
减：营业外支出		
其中：非流动资产处置损失		
三、利润总额（亏损总额以“—”号填列）		
减：所得税费用		
四、净利润（净亏损以“—”号填列）		
五、每股收益：		
（一）基本每股收益		
（二）稀释每股收益		

（三）一般企业利润表的列报方法

1. 利润表各项目的列报说明

（1）“营业收入”项目，反映企业经营主要业务和其他业务所确认的收入总额。本项目应根据“主营业务收入”和“其他业务收入”科目的发生额分析填列。

（2）“营业成本”项目，反映企业经营主要业务和其他业务所发生的成本总额。本项目应根据“主营业务成本”和“其他业务成本”科目的发生额分析填列。

（3）“营业税金及附加”项目，反映企业经营业务应负担的消费税、营业税、城市建设维护税、资源税、土地增值税和教育费附加等。本项目应根据“营业税金及附加”科目的发生额分析填列。

（4）“销售费用”项目，反映企业在销售商品过程中发生的包装费、广告费等费用和为销售本企业商品而专设的销售机构的职工薪酬、业务费等经营费用。本项目应根据“销售费用”科目的发生额分析填列。

（5）“管理费用”项目，反映企业为组织和管理生产经营发生的管理费用。本项目应根据“管理费用”的发生额分析填列。

(6)“财务费用”项目，反映企业筹集生产经营所需资金等而发生的筹资费用。本项目应根据“财务费用”科目的发生额分析填列。

(7)“资产减值损失”项目，反映企业各项资产发生的减值损失。本项目应根据“资产减值损失”科目的发生额分析填列。

(8)“公允价值变动收益”项目，反映企业应当计入当期损益的资产或负债公允价值变动收益。本项目应根据“公允价值变动损益”科目的发生额分析填列，如为净损失，本项目以“—”号填列。

(9)“投资收益”项目，反映企业以各种方式对外投资所取得的收益。本项目应根据“投资收益”科目的发生额分析填列。如为投资损失，本项目以“—”号填列。

(10)“营业利润”项目，反映企业实现的营业利润。如为亏损，本项目以“—”号填列。

(11)“营业外收入”项目，反映企业发生的与经营业务无直接关系的各项收入。本项目应根据“营业外收入”科目的发生额分析填列。

(12)“营业外支出”项目，反映企业发生的与经营业务无直接关系的各项支出。本项目应根据“营业外支出”科目的发生额分析填列。

(13)“利润总额”项目，反映企业实现的利润。如为亏损，本项目以“—”号填列。

(14)“所得税费用”项目，反映企业应从当期利润总额中扣除的所得税费用。本项目应根据“所得税费用”科目的发生额分析填列。

(15)“净利润”项目，反映企业实现的净利润。如为亏损，本项目以“—”号填列。

(16)“基本每股收益”和“稀释每股收益”项目的列报参见《企业会计准则第34号——每股收益》

2. 上期金额栏的列报方法

利润表“上期金额”栏内各项数字，应根据上年该期利润表“本期金额”栏内所列数字填列。如果上年该期利润表规定的各个项目的名称和内容同本期不相一致，应对上年该期利润表各项目的名称和数字按本期的规定进行调整，填入利润表“上期金额”栏内。

3. 本期金额栏的列报方法

利润表“本期金额”栏内各项数字一般应根据损益类科目的发生额分析填列。

二、利润表编制举例

大宇有限公司2010年12月有关账户的发生额见表9－5所示。

表9－5 大宇有限公司2010年12月有关账户的发生额

账户名称	借方发生额	贷方发生额
主营业务收入		1 500 000
其他业务收入		15 000
投资收益		20 000
营业外收入		7 000
主营业务成本	1 200 000	
营业税金及附加	70 000	
其他业务成本	5 000	
销售费用	8 000	
管理费用	12 000	
财务费用	5 000	
营业外支出	2 000	
所得税费用	60 000	

根据上述资料，编制利润表。见表9－6所示。

表9－6 利 润 表

编制单位：大宇有限公司 2010年12月 单位：元

项 目	本期金额	上期金额
一、营业收入	1 515 000	
减：营业成本	1 205 000	
营业税金及附加	70 000	
销售费用	8 000	
管理费用	12 000	
财务费用	5 000	
资产减值损失		
加：公允价值变动收益（损失以“—”号填列）		
投资收益（损失以“—”号填列）	20 000	
其中：对联营企业和合营企业的投资收益		
二、营业利润（亏损以“—”号填列）	235 000	
加：营业外收入	7 000	
减：营业外支出	2 000	
其中：非流动资产处置损失		
三、利润总额（亏损总额以“—”号填列）	240 000	
减：所得税费用	60 000	
四、净利润（净亏损以“—”号填列）	180 000	
五、每股收益：		
（一）基本每股收益		
（二）稀释每股收益		

任务4 编制现金流量表

一、现金流量表概述

现金流量表，是反映企业一定会计期间现金和现金等价物流入和流出的报表。编制现金流量表的主要目的，是为财务报告使用者提供企业一定会计期间内现金和现金等价物流入和流出的信息，以便于财务报告使用者了解和评价企业获取现金和现金等价物的能力，并据以预测企业未来现金流量。现金流量表的作用主要体现在以下几个方面：一是有助于评价企业支付能力、偿债能力和周转能力；二是有助于预测企业未来现金流量；三是有助于分析企业收益质量及影响现金净流量的因素，掌握企业经营活动、投资活动和筹资活动的现金流量，可以从现金流量的角度了解净利润的质量，为分析和判断企业的财务前景提供信息。

二、现金流量表的编制基础

现金流量表以现金及现金等价物为基础编制，划分为经营活动、投资活动和筹资活动。按照收付实现制原则编制，将权责发生制下的盈利信息调整为收付实现制下的现金流量信息。

（一）现金

现金，是指企业库存现金以及可以随时用于支付的存款。不能随时用于支付的存款不属于现金。现金主要包括：

1. 库存现金。库存现金是指企业持有可随时用于支付的现金，与“库存现金”科目的核算内容一致。

2. 银行存款。银行存款是指企业存入金融机构、可以随时用于支取的存款，与“银行存款”科目核算内容基本一致，但不包括不能随时用于支付的存款。例如，不能随时支取的定期存款等不应作为现金；提前通知金融机构便可支取的定期存款则应包括在现金范围内。

3. 其他货币资金。其他货币资金是指存放在金融机构的外埠存款、银行汇票存款、银行本票存款、信用卡存款、信用证保证金存款和存出投资款等，与“其他货币资金”科目核算内容一致。

（二）现金等价物

现金等价物，是指企业持有的期限短、流动性强、易于转换为已知金额现金、价值变动风险很小的投资。其中，“期限短”一般是指从购买日起3个月内到期。例如，可在证券市场上流通的3个月内到期的短期债券等。

现金等价物虽然不是现金，但其支付能力与现金的差别不大，可视为现金。例如，企业为保证支付能力，手持必要的现金，为了不使现金闲置，可以购买短期债券，在需要现金时，随时可以变现。

（三）现金及现金等价物范围的确定和变更

不同企业现金及现金等价物的范围可能不同。企业应当根据经营特点等具体情况，确定现金及现金等价物的范围。商业银行与一般工商企业的现金及现金等价物的范围可能不同，例如，某商业银行的现金及现金等价物包括库存现金、存放中央银行可随时支取的备付金、存放同业款项、拆放同业款项、同业间买入返售证券、短期国债投资等。

根据现金流量表准则及其指南的规定，企业应当根据具体情况，确定现金及现金等价物的范围，一经确定不得随意变更。如果发生变更，应当按照会计政策变更处理。

三、现金流量的分类

现金流量是指企业现金和现金等价物的流入和流出。在现金流量表中，现金及现金等价物被视为一个整体，企业现金（含现金等价物，下同）形式的转换不会产生现金的流入和流出。例如，企业从银行提取现金，是企业现金存放形式的转换，并未流出企业，不构成现金流量。同样，现金与现金等价物之间的转换也不属于现金流量，例如，企业用现金购买3个月内到期的国库券。根据企业经济活动的性质和现金流量的来源，现金流量表准则将企业一定期间产生的现金流量分为三类：经营活动现金流量、投资活动现金流量和筹资活动现金流量。

1. 经营活动。经营活动是指企业投资活动和筹资活动以外的所有交易和事项。对于工商企业而言，经营活动主要包括销售商品、提供劳务、购买商品、接受劳务、支付税费等。

2. 投资活动。投资活动是指企业长期资产的购建和不包括在现金等价物范围内的投资及其处置活动。长期资产是指固定资产、无形资产、在建工程、其他资产等持有期限在一年或一个营业周期以上的资产。这里所讲的投资活动，既包括实物资产投资，也包括金融资产投资。

3. 筹资活动。筹资活动是指导致企业资本及债务规模和构成发生变化的活动。这里所说的资本，既包括实收资本（股本），也包括资本溢价（股本溢价）；这里所说的债务，指对外举债，包括向银行借款、发行债券以及偿还债务等。通常情况下，应付账款、应付票据等属于经营活动，不属于筹资活动。

四、现金流量表的编制方法

（一）直接法和间接法

编制现金流量表时，列报经营活动现金流量的方法有两种：一是直接法，二是间接法。这两种方法通常也称为编制现金流量表的方法。

所谓直接法，是指按现金收入和现金支出的主要类别直接反映企业经营活动产生的现金流量，如销售商品、提供劳务收到的现金；购买商品、接受劳务支付的现金等就是按现金收入和支出的类别直接反映的。在直接法下，一般是以利润表中的营业收入为起算点，调节与经营活动有关的项目的增减变动，然后计算出经营活动产生的现金流量。

所谓间接法，是指以净利润为起算点，调整不涉及现金的收入、费用、营业外收支等有关项目，剔除投资活动、筹资活动对现金流量的影响，据此计算出经营活动产生的现金流量。由于净利润是按照权责发生制原则确定的，且包括了与投资活动和筹资活动相关的收益和费用，将净利润调节为经营活动现金流量，实际上就是将按权责发生制原则确定的净利润调整为现金净流入，并剔除投资活动和筹资活动对现金流量的影响。

采用直接法编报的现金流量表，便于分析企业经营活动产生的现金流量的来源和用途，预测企业现金流量的未来前景；采用间接法编报现金流量表，便于将净利润与经营活动产生的现金流量净额进行比较，了解净利润与经营活动产生的现金流量差异的原因，从现金流量的角度分析净利润的质量。所以，现金流量表准则规定企业应当采用直接法编报现金流量表，同时要求在附注中提供以净利润为基础调节到经营活动现金流量的信息。

（二）现金流量表的格式

1. 现金流量表正表（见表9－7所示）

表9－7　　　　现金流量表

会企03表

编制单位：　　　　年　月　日　　　　单位：元

项　目	本期金额	上期金额
一、经营活动产生的现金流量：		
销售商品、提供劳务收到的现金		
收到的税费返还		
收到其他与经营活动有关的现金		
经营活动现金流入小计		

续表

项 目	本期金额	上期金额
购买商品、接受劳务支付的现金		
支付给职工以及为职工支付的现金		
支付的各项税费		
支付其他与经营活动有关的现金		
经营活动现金流出小计		
经营活动产生的现金流量净额		
二、投资活动产生的现金流量：		
收回投资收到的现金		
取得投资收益收到的现金		
处置固定资产、无形资产和其他长期资产收回的现金净额		
处置子公司及其他营业单位收到的现金净额		
收到其他与投资活动有关的现金		
投资活动现金流入小计		
购建固定资产、无形资产和其他长期资产支付的现金		
投资支付的现金		
取得子公司及其他营业单位支付的现金净额		
支付其他与投资活动有关的现金		
投资活动现金流出小计		
投资活动产生的现金流量净额		
三、筹资活动产生的现金流量：		
吸收投资收到的现金		
取得借款收到的现金		
收到其他与筹资活动有关的现金		
筹资活动现金流入小计		
偿还债务支付的现金		
分配股利、利润或偿付利息支付的现金		
支付其他与筹资活动有关的现金		
筹资活动现金流出小计		
筹资活动产生的现金流量净额		
四、汇率变动对现金及现金等价物的影响		
五、现金及现金等价物净增加额		
加：期初现金及现金等价物余额		
六、期末现金及现金等价物余额		

2. 现金流量表附注（见表9-8所示）

表9-8 现金流量表附注

会企03表

编制单位： 年 月 日 单位：元

补充资料	本期金额	上期金额
1. 将净利润调节为经营活动现金流量：		
净利润		
加：资产减值准备		
固定资产折旧、油气资产折耗、生产性生物资产折旧		
无形资产摊销		
长期待摊费用摊销		
处置固定资产、无形资产和其他长期资产的损失（收益以“—”号填列）		
固定资产报废损失（收益以“—”号填列）		
公允价值变动损失（收益以“—”号填列）		
财务费用（收益以“—”号填列）		
投资损失（收益以“—”号填列）		
递延所得税资产减少（增加以“—”号填列）		
递延所得税负债增加（减少以“—”号填列）		
存货的减少（增加以“—”号填列）		
经营性应收项目的减少（增加以“—”号填列）		
经营性应付项目的增加（减少以“—”号填列）		
其他		
经营活动产生的现金流量净额		
2. 不涉及现金收支的重大投资和筹资活动：		
债务转为资本		
一年内到期的可转换公司债券		
融资租入固定资产		
3. 现金及现金等价物净变动情况：		
现金的期末余额		
减：现金的期初余额		
加：现金等价物的期末余额		
减：现金等价物的期初余额		
现金及现金等价物净增加额		

任务5 编制所有者权益变动表

一、所有者权益变动表概述

（一）所有者权益变动表的定义

所有者权益变动表是反映构成所有者权益的各组成部分当期的增减变动情况的

报表。所有者权益变动表应当全面反映一定时期所有者权益变动的情况，不仅包括所有者权益总量的增减变动，还包括所有者权益增减变动的重要结构性信息，特别是要反映直接计入所有者权益的利得和损失，让报表使用者准确理解所有者权益增减变动的根源。

（二）所有者权益变动表在一定程度上体现了企业综合收益

综合收益，是指企业在某一期间与所有者之外的其他方面进行交易或发生其他事项所引起的净资产变动。综合收益的构成包括两部分：净利润和直接计入所有者权益的利得和损失。其中，前者是企业已实现并已确认的收益，后者是企业未实现但根据会计准则的规定已确认的收益。

在所有者权益变动表中，净利润和直接计入所有者权益的利得和损失均单列项目反映，体现了企业综合收益的构成。

二、所有者权益变动表的格式（略）

任务6 附注说明

一、附注的概念

附注是财务报表不可或缺的组成部分，是对在资产负债表、利润表、现金流量表和所有者权益变动表等报表中列示项目的文字描述或明细资料，以及对未能在这些报表中列示项目的说明等。

财务报表中的数字是经过分类汇总后的结果，是对企业发生的经济业务的高度简化和浓缩的数字，如果没有形成这些数字所使用的会计政策、理解这些数字所必需的披露，财务报表就不可能充分发挥效用。因此，附注与资产负债表、利润表、现金流量表、所有者权益变动表等报表具有同等的重要性，是财务报表的重要组成部分。财务报告使用者了解企业的财务状况、经营成果和现金流量，应当全面阅读附注。

二、附注披露的内容

附注应当按照如下顺序披露有关内容：

（一）企业的基本情况

1. 企业注册地、组织形式和总部地址。

2. 企业的业务性质和主要经营活动，如企业所处的行业、所提供的主要产品或服务、客户的性质、销售策略、监管环境的性质等。

3. 母公司以及集团最终母公司的名称。

4. 财务报告的批准报出者和财务报告批准报出日。

（二）财务报表的编制基础

（三）遵循企业会计准则的声明

（四）重要会计政策和会计估计

（五）会计政策和会计估计变更以及差错更正的说明

（六）报表重要项目的说明

（七）其他需要说明的重要事项

◎ 小结 ◎

财务报告是企业对外提供的反映企业某一特定日期的财务状况和某一会计期间的经营成果、现金流量等会计信息的文件。财务报告包括财务报表和其他应当在财务报告中披露的相关信息和资料。

按照财务报表所反映的经济内容不同，可分为静态报表和动态报表。按财务报表编报会计主体不同，可分为个别财务报表和合并财务报表。按财务报表编报期间的不同，可分为中期财务报表和年度财务报表。

◎ 技能操作训练 ◎

一、单项选择题

1. 不属于现金流量表中的现金是指（　　）。

A. 库存现金　　B. 银行定期存款

C. 三个月内到期的债券投资　　D. 现金及现金等价物

2. 资产负债表是反映（　　）的会计报表。

A. 某一特定时期　B. 某一特定日期　C. 某一特定阶段　D. 某一特定月份

3. 下列项目中影响营业利润计算的有（　　）。

A. 营业税金及附加 B. 营业外收入　C. 营业外支出　D. 所得税费用

4. 利润表采用的格式是（　　）。

A. 报告式　B. 账户式　C. 多步式　D. 单步式

5. 通过资产负债表不能了解（　　）。

A. 企业的经济资源及分布状况　　B. 企业资金的来源渠道和构成

C. 企业固定资产的金额　　D. 企业财务成果及其形成过程

二、多项选择题

1. 下列各项中属于流动负债的有（　　）。

A. 长期银行借款　B. 投资者投入资金　C. 预收账款　D. 应付职工薪酬

2. 资产负债表的中的“货币资金”是根据（　　）计算填列的。

A. 库存现金　B. 银行存款　C. 其他货币资金　D. 应收账款

3. 财务报表应包括（　　）。

A. 资产负债表　B. 所有者权益变动表

C. 利润表　D. 现金流量表

4. 利润表提供的信息包括（　　）。

A. 企业发生的主营业务收入　B. 企业发生的主营业务支出

C. 营业利润　D. 利润或亏损总额

5. 利润表中的“营业收入”项目包括（　　）。

A. 主营业务收入　B. 其他业务收入　C. 投资收入　D. 营业外收入

三、实务题

实务题（一）

1. 目的：练习资产负债表的编制。

2. 资料：已知某企业 2010 年 12 月 31 日的部分账户余额资料如下：（单位：万元）

账户名称	年初余额		年末余额	
	借方	贷方	借方	贷方
应收账款（总）	500		700	
——甲公司	600		900	
——乙公司		100		200
坏账准备（应收账款）		6		9
原材料	300		100	
生产成本	100		300	
库存商品	200		500	
固定资产	5 000		4 400	
累计折旧		2 000		1 400
应付账款（总）		300		200
——丙公司		500		300
——丁公司	200		100	

3. 要求：填列该公司资产负债表所列示项目的年初数和年末数。

资产负债表（部分项目）

编制单位：某公司　　　　2010 年 12 月 31 日　　　　单位：万元

资　产	年初数	年末数	负债和所有者权益	年初数	年末数
应收账款			应付账款		
预付款项			预收款项		
存货					

实务题（二）

1. 目的：练习利润表的编制。
2. 要求：根据学习情境四中的实务训练五的资料编制利润表。

学习情境十　会计档案的归档与保管

一、会计档案的概念

会计档案是指会计凭证、会计账簿和财务报告等会计核算专业材料，是记录和反映单位经济业务的重要史料和证据。

二、会计档案的内容

（一）会计凭证类：原始凭证，记账凭证，汇总凭证，其他会计凭证。

（二）会计账簿类：总账，明细账，日记账，固定资产卡片，辅助账簿，其他会计账簿。

（三）财务报告类：月度、季度、年度财务报告，包括会计报表、附表、附注及文字说明，其他财务报告。

（四）其他类：银行存款余额调节表，银行对账单，其他应当保存的会计核算专业资料，会计档案移交清册，会计档案保管清册，会计档案销毁清册。

三、会计档案的归档

各单位必须建立会计档案的立卷、归档、保管、查阅和销毁等管理制度，加强会计档案的管理工作。

各单位每年形成的会计档案，应当由会计机构按照归档要求，负责整理立卷，装订成册，编制会计档案保管清册。

当年形成的会计档案，在会计年度终了后，可暂由会计机构保管一年，期满之后，应当由会计机构编制移交清册，移交本单位内部指定专人保管。出纳人员不得兼管会计档案。

移交本单位档案机构保管的会计档案，原则上应当保持原卷册的封装。个别需要拆封重新整理的，档案机构应当会同会计机构和经办人员共同拆封整理，以分清责任。

各单位保存的会计档案不得借出。如有特殊需要，经本单位负责人批准，可以提供查阅或者复制，并办理登记手续。查阅或者复制会计档案的人员，严禁在会计档案上涂画、拆封和抽换。

各单位应当建立健全会计档案查阅、复制登记制度。

四、会计档案的保管期限

会计档案的保管期限分为永久和定期两类。定期保管期限分为3年、5年、10年、15年、25年5类。

会计档案的保管期限，从会计年度终了后的第一天算起。

《会计档案管理办法》规定了我国企业的会计档案的保管期限。见表10-1所示。

表10-1 企业和其他组织会计档案保管期限表

序号	档案名称	保管期限	备注
一	会计凭证类		
1	原始凭证	15年	
2	记账凭证	15年	
3	汇总凭证	15年	
二	会计账簿类		
4	总账	15年	包括日记总账
5	明细账	15年	
6	日记账	15年	现金和银行存款日记账保管25年
7	固定资产卡片		固定资产报废清理后保管5年
8	辅助账簿	15年	
三	财务报告类		包括各级主管部门汇总财务报告
9	月、季度财务报告	15年	包括文字分析
10	年度财务报告（决算）	永久	包括文字分析
四	其他类		
11	会计移交清册	15年	
12	会计档案保管清册	永久	
13	会计档案销毁清册	永久	
14	银行余额调节表	5年	
15	银行对账单	5年	

五、会计档案的销毁

保管期满的会计档案，可以按照以下程序销毁：

（一）由本单位档案机构会同会计机构提出销毁意见，编制会计档案销毁清册，列明销毁会计档案的名称、卷号、册数、起止年度和档案编号、应保管期限、已保管期限、销毁时间等内容。

（二）单位负责人在会计档案销毁清册上签署意见。

（三）销毁会计档案时，应当由档案机构和会计机构共同派员监销。国家机关销毁会计档案时，应当由同级财政部门、审计部门派员参加监销。财政部门销毁会计档案时，应当由同级审计部门派员参加监销。

（四）监销人在销毁会计档案前，应当按照会计档案销毁清册所列内容清点核对所要销毁的会计档案；销毁后，应当在会计档案销毁清册上签名盖章，并将监销情况报告本单位负责人。

保管期满但未结清的债权债务原始凭证和涉及其他未了事项的原始凭证，不得销毁，应当单独抽出立卷，应当在会计档案销毁清册和会计档案保管清册中列明。

正在项目建设期间的建设单位，其保管期满的会计档案不得销毁。

单位之间交接会计档案的，交接双方应当办理会计档案交接手续。移交会计档案的单位，应当编制会计档案移交清册，列明应当移交的会计档案名称、卷号、册数、起止年度和档案编号、应保管期限、已保管期限等内容。

交接会计档案时，交接双方应当按照会计档案移交清册所列内容逐项交接，并由交接双方的单位负责人负责监交。交接完毕后，交接双方经办人和监交人应当在会计档案移交清册上签名或者盖章。

附　录

附录一：中华人民共和国会计法

中华人民共和国会计法

中华人民共和国主席令第24号

第一章　总　则

第一条　为了规范会计行为，保证会计资料真实、完整，加强经济管理和财务管理，提高经济效益，维护社会主义市场经济秩序，制定本法。

第二条　国家机关、社会团体、公司、企业、事业单位和其他组织（以下统称单位）必须依照本法办理会计事务。

第三条　各单位必须依法设置会计账簿，并保证其真实、完整。

第四条　单位负责人对本单位的会计工作和会计资料的真实性、完整性负责。

第五条　会计机构、会计人员依照本法规定进行会计核算，实行会计监督。

任何单位或者个人不得以任何方式授意、指使、强令会计机构、会计人员伪造、变造会计凭证、会计账簿和其他会计资料，提供虚假财务会计报告。任何单位或者个人不得对依法履行职责、抵制违反本法规定行为的会计人员实行打击报复。

第六条　对认真执行本法，忠于职守，坚持原则，做出显著成绩的会计人员，给予精神的或者物质的奖励。

第七条　国务院财政部门主管全国的会计工作。县级以上地方各级人民政府财政部门管理本行政区域内的会计工作。

第八条　国家实行统一的会计制度。国家统一的会计制度由国务院财政部门根据本法制定并公布。国务院有关部门可以依照本法和国家统一的会计制度制定对会计核算和会计监督有特殊要求的行业实施国家统一的会计制度的具体办法或者补充规定，报国务院财政部门审核批准。中国人民解放军总后勤部可以依照本法和国家统一的会计制度制定军队实施国家统一的会计制度的具体办法，报国务院财政部门备案。

第二章　会计核算

第九条　各单位必须根据实际发生的经济业务事项进行会计核算，填制会计凭证，登记会计账簿，编制财务会计报告。任何单位不得以虚假的经济业务事项或者资料进行会计核算。

第十条　下列经济业务事项，应当办理会计手续，进行会计核算：

（一）款项和有价证券的收付；

（二）财物的收发、增减和使用；

（三）债权债务的发生和结算；

（四）资本、基金的增减；

（五）收入、支出、费用、成本的计算；

（六）财务成果的计算和处理；

（七）需要办理会计手续、进行会计核算的其他事项。

第十一条　会计年度自公历1月1日起至12月31日止。

第十二条　会计核算以人民币为记账本位币。业务收支以人民币以外的货币为主的单位，可以选定其中一种货币作为记账本位币，但是编报的财务会计报告应当折算为人民币。

第十三条　会计凭证、会计账簿、财务会计报告和其他会计资料，必须符合国家统一的会计制度的规定。使用电子计算机进行会计核算的，其软件及其生成的会计凭证、会计账簿、财务会计报告和其他会计资料，也必须符合国家统一的会计制度的规定。任何单位和个人不得伪造、变造会计凭证、会计账簿及其他会计资料，不得提供虚假的财务会计报告。

第十四条　会计凭证包括原始凭证和记账凭证。办理本法第十条所列的经济业务事项，必须填制或者取得原始凭证并及时送交会计机构。会计机构、会计人员必须按照国家统一的会计制度的规定对原始凭证进行审核，对不真实、不合法的原始凭证有权不予接受，并向单位负责人报告；对记载不准确、不完整的原始凭证予以退回，并要求按照国家统一的会计制度的规定更正、补充。原始凭证记载的各项内容均不得涂改；原始凭证有错误的，应当由出具单位重开或者更正，更正处应当加盖出具单位印章。原始凭证金额有错误的，应当由出具单位重开，不得在原始凭证上更正。记账凭证应当根据经过审核的原始凭证及有关资料编制。

第十五条　会计账簿登记，必须以经过审核的会计凭证为依据，并符合有关法律、行政法规和国家统一的会计制度的规定。会计账簿包括总账、明细账、日记账和其他辅助性账簿。会计账簿应当按照连续编号的页码顺序登记。会计账簿记录发生错误或者隔页、缺号、跳行的，应当按照国家统一的会计制度规定的方法更正，并由会计人员和会计机构负责人（会计主管人员）在更正处盖章。使用电子计算机进行会计核算的，其会计账簿的登记、更正，应当符合国家统一的会计制度的规定。

第十六条 各单位发生的各项经济业务事项应当在依法设置的会计账簿上统一登记、核算，不得违反本法和国家统一的会计制度的规定私设会计账簿登记、核算。

第十七条 各单位应当定期将会计账簿记录与实物、款项及有关资料相互核对，保证会计账簿记录与实物及款项的实有数额相符、会计账簿记录与会计凭证的有关内容相符、会计账簿之间相对应的记录相符、会计账簿记录与会计报表的有关内容相符。

第十八条 各单位采用的会计处理方法，前后各期应当一致，不得随意变更；确有必要变更的，应当按照国家统一的会计制度的规定变更，并将变更的原因、情况及影响在财务会计报告中说明。

第十九条 单位提供的担保、未决诉讼等或有事项，应当按照国家统一的会计制度的规定，在财务会计报告中予以说明。

第二十条 财务会计报告应当根据经过审核的会计账簿记录和有关资料编制，并符合本法和国家统一的会计制度关于财务会计报告的编制要求、提供对象和提供期限的规定；其他法律、行政法规另有规定的，从其规定。财务会计报告由会计报表、会计报表附注和财务情况说明书组成。向不同的会计资料使用者提供的财务会计报告，其编制依据应当一致。有关法律、行政法规规定会计报表、会计报表附注和财务情况说明书须经注册会计师审计的，注册会计师及其所在的会计师事务所出具的审计报告应当随同财务会计报告一并提供。

第二十一条 财务会计报告应当由单位负责人和主管会计工作的负责人、会计机构负责人（会计主管人员）签名并盖章；设置总会计师的单位，还须由总会计师签名并盖章。单位负责人应当保证财务会计报告真实、完整。

第二十二条 会计记录的文字应当使用中文。在民族自治地方，会计记录可以同时使用当地通用的一种民族文字。在中华人民共和国境内的外商投资企业、外国企业和其他外国组织的会计记录可以同时使用一种外国文字。

第二十三条 各单位对会计凭证、会计账簿、财务会计报告和其他会计资料应当建立档案，妥善保管。会计档案的保管期限和销毁办法，由国务院财政部门会同有关部门制定。

第三章 公司、企业会计核算的特别规定

第二十四条 公司、企业进行会计核算，除应当遵守本法第二章的规定外，还

应当遵守本章规定。

第二十五条　公司、企业必须根据实际发生的经济业务事项，按照国家统一的会计制度的规定确认、计量和记录资产、负债、所有者权益、收入、费用、成本和利润。

第二十六条　公司、企业进行会计核算不得有下列行为：

（一）随意改变资产、负债、所有者权益的确认标准或者计量方法，虚列、多列、不列或者少列资产、负债、所有者权益；

（二）虚列或者隐瞒收入，推迟或者提前确认收入；

（三）随意改变费用、成本的确认标准或者计量方法，虚列、多列、不列或者少列费用、成本；

（四）随意调整利润的计算、分配方法，编造虚假利润或者隐瞒利润；

（五）违反国家统一的会计制度规定的其他行为。

第四章　会计监督

第二十七条　各单位应当建立、健全本单位内部会计监督制度。单位内部会计督制度应当符合下列要求：

（一）记账人员与经济业务事项和会计事项的审批人员、经办人员、财物保管人员的职责权限应当明确，并相互分离、相互制约；

（二）重大对外投资、资产处置、资金调度和其他重要经济业务事项的决策和执行的相互监督、相互制约程序应当明确；

（三）财产清查的范围、期限和组织程序应当明确；

（四）对会计资料定期进行内部审计的办法和程序应当明确。

第二十八条　单位负责人应当保证会计机构、会计人员依法履行职责，不得授意、指使、强令会计机构、会计人员违法办理会计事项。会计机构、会计人员对违反本法和国家统一的会计制度规定的会计事项，有权拒绝办理或者按照职权予以纠正。

第二十九条　会计机构、会计人员发现会计账簿记录与实物、款项及有关资料不相符的，按照国家统一的会计制度的规定有权自行处理的，应当及时处理；无权处理的，应当立即向单位负责人报告，请求查明原因，作出处理。

第三十条　任何单位和个人对违反本法和国家统一的会计制度规定的行为，有权检举。收到检举的部门有权处理的，应当依法按照职责分工及时处理；无权处理的，应当及时移送有权处理的部门处理。收到检举的部门、负责处理的部门应当为检举人保密，不得将检举人姓名和检举材料转给被检举单位和被检举人个人。

第三十一条 有关法律、行政法规规定，须经注册会计师进行审计的单位，应当向受委托的会计师事务所如实提供会计凭证、会计账簿、财务会计报告和其他会计资料以及有关情况。任何单位或者个人不得以任何方式要求或者示意注册会计师及其所在的会计师事务所出具不实或者不当的审计报告。财政部门有权对会计师事务所出具审计报告的程序和内容进行监督。

第三十二条 财政部门对各单位的下列情况实施监督：

（一）是否依法设置会计账簿；

（二）会计凭证、会计账簿、财务会计报告和其他会计资料是否真实、完整；

（三）会计核算是否符合本法和国家统一的会计制度的规定；

（四）从事会计工作的人员是否具备从业资格。

在对前款第（二）项所列事项实施监督，发现重大违法嫌疑时，国务院财政部门及其派出机构可以向与被监督单位有经济业务往来的单位和被监督单位开立账户的金融机构查询有关情况，有关单位和金融机构应当给予支持。

第三十三条 财政、审计、税务、人民银行、证券监管、保险监管等部门应当依照有关法律、行政法规规定的职责，对有关单位的会计资料实施监督检查。前款所列监督检查部门对有关单位的会计资料依法实施监督检查后，应当出具检查结论。有关监督检查部门已经作出的检查结论能够满足其他监督检查部门履行本部门职责需要的，其他监督检查部门应当加以利用，避免重复查账。

第三十四条 依法对有关单位的会计资料实施监督检查的部门及其工作人员对在监督检查中知悉的国家秘密和商业秘密负有保密义务。

第三十五条 各单位必须依照有关法律、行政法规的规定，接受有关监督检查部门依法实施的监督检查，如实提供会计凭证、会计账簿、财务会计报告和其他会计资料以及有关情况，不得拒绝、隐匿、谎报。

第五章 会计机构和会计人员

第三十六条 各单位应当根据会计业务的需要，设置会计机构，或者在有关机构中设置会计人员并指定会计主管人员；不具备设置条件的，应当委托经批准设立从事会计代理记账业务的中介机构代理记账。国有的和国有资产占控股地位或者主导地位的大、中型企业必须设置总会计师。总会计师的任职资格、任免程序、职责权限由国务院规定。

第三十七条 会计机构内部应当建立稽核制度。出纳人员不得兼任稽核、会计档案保管和收入、支出、费用、债权债务账目的登记工作。

第三十八条 从事会计工作的人员，必须取得会计从业资格证书。担任单位会计机构负责人（会计主管人员）的，除取得会计从业资格证书外，还应当具备会计师以上专业技术职务资格或者从事会计工作三年以上经历。会计人员从业资格管理办法由国务院财政部门规定。

第三十九条　会计人员应当遵守职业道德，提高业务素质。对会计人员的教育和培训工作应当加强。

第四十条　因有提供虚假财务会计报告，做假账，隐匿或者故意销毁会计凭证、会计账簿、财务会计报告，贪污，挪用公款，职务侵占等与会计职务有关的违法行为被依法追究刑事责任的人员，不得取得或者重新取得会计从业资格证书。除前款规定的人员外，因违法违纪行为被吊销会计从业资格证书的人员，自被吊销会计从业资格证书之日起五年内，不得重新取得会计从业资格证书。

第四十一条　会计人员调动工作或者离职，必须与接管人员办清交接手续。一般会计人员办理交接手续，由会计机构负责人（会计主管人员）监交；会计机构负责人（会计主管人员）办理交接手续，由单位负责人监交，必要时主管单位可以派人会同监交。

第六章　法律责任

第四十二条　违反本法规定，有下列行为之一的，由县级以上人民政府财政部门责令限期改正，可以对单位并处三千元以上五万元以下的罚款；对其直接负责的主管人员和其他直接责任人员，可以处二千元以上二万元以下的罚款；属于国家工作人员的，还应当由其所在单位或者有关单位依法给予行政处分：

（一）不依法设置会计账簿的；

（二）私设会计账簿的；

（三）未按照规定填制、取得原始凭证或者填制、取得的原始凭证不符合规定的；

（四）以未经审核的会计凭证为依据登记会计账簿或者登记会计账簿不符合规定的；

（五）随意变更会计处理方法的；

（六）向不同的会计资料使用者提供的财务会计报告编制依据不一致的；

（七）未按照规定使用会计记录文字或者记账本位币的；

（八）未按照规定保管会计资料，致使会计资料毁损、灭失的；

（九）未按照规定建立并实施单位内部会计监督制度或者拒绝依法实施的监督或者不如实提供有关会计资料及有关情况的；

（十）任用会计人员不符合本法规定的。

有前款所列行为之一，构成犯罪的，依法追究刑事责任。

会计人员有第一款所列行为之一，情节严重的，由县级以上人民政府财政部门吊销会计从业资格证书。有关法律对第一款所列行为的处罚另有规定的，依照有关法律的规定办理。

第四十三条 伪造、变造会计凭证、会计账簿，编制虚假财务会计报告，构成犯罪的，依法追究刑事责任。有前款行为，尚不构成犯罪的，由县级以上人民政府财政部门予以通报，可以对单位并处五千元以上十万元以下的罚款；对其直接负责的主管人员和其他直接责任人员，可以处三千元以上五万元以下的罚款；属于国家工作人员的，还应当由其所在单位或者有关单位依法给予撤职直至开除的行政处分；对其中的会计人员，并由县级以上人民政府财政部门吊销会计从业资格证书。

第四十四条 隐匿或者故意销毁依法应当保存的会计凭证、会计账簿、财务会计报告，构成犯罪的，依法追究刑事责任。有前款行为，尚不构成犯罪的，由县级以上人民政府财政部门予以通报，可以对单位并处五千元以上十万元以下的罚款；对其直接负责的主管人员和其他直接责任人员，可以处三千元以上五万元以下的罚款；属于国家工作人员的，还应当由其所在单位或者有关单位依法给予撤职直至开除的行政处分；对其中的会计人员，并由县级以上人民政府财政部门吊销会计从业资格证书。

第四十五条 授意、指使、强令会计机构、会计人员及其他人员伪造、变造会计凭证、会计账簿，编制虚假财务会计报告或者隐匿、故意销毁依法应当保存的会计凭证、会计账簿、财务会计报告，构成犯罪的，依法追究刑事责任；尚不构成犯罪的，可以处五千元以上五万元以下的罚款；属于国家工作人员的，还应当由其所在单位或者有关单位依法给予降级、撤职、开除的行政处分。

第四十六条 单位负责人对依法履行职责、抵制违反本法规定行为的会计人员以降级、撤职、调离工作岗位、解聘或者开除等方式实行打击报复，构成犯罪的，依法追究刑事责任；尚不构成犯罪的，由其所在单位或者有关单位依法给予行政处分。对受打击报复的会计人员，应当恢复其名誉和原有职务、级别。

第四十七条 财政部门及有关行政部门的工作人员在实施监督管理中滥用职权、玩忽职守、徇私舞弊或者泄露国家秘密、商业秘密，构成犯罪的，依法追究刑事责任；尚不构成犯罪的，依法给予行政处分。

第四十八条 违反本法第三十条规定，将检举人姓名和检举材料转给被检举单位和被检举人个人的，由所在单位或者有关单位依法给予行政处分。

第四十九条 违反本法规定，同时违反其他法律规定的，由有关部门在各自职权范围内依法进行处罚。

第七章　附　　则

第五十条 本法下列用语的含义：单位负责人，是指单位法定代表人或者法律、行政法规规定代表单位行使职权的主要负责人。国家统一的会计制度，是指国务院财政部门根据本法制定的关于会计核算、会计监督、会计机构和会计人员以及会计工作管理的制度。

第五十一条　个体工商户会计管理的具体办法，由国务院财政部门根据本法的原则另行规定。

第五十二条　本法自 2000 年 7 月 1 日起施行。

附录二：企业会计准则——基本准则（2006）

企业会计准则——基本准则(2006)

财政部令第33号

第一章　总　　则

第一条　为了规范企业会计确认、计量和报告行为，保证会计信息质量，根据《中华人民共和国会计法》和其他有关法律、行政法规，制定本准则。

第二条　本准则适用于在中华人民共和国境内设立的企业（包括公司，下同）。

第三条　企业会计准则包括基本准则和具体准则，具体准则的制定应当遵循本准则。

第四条　企业应当编制财务会计报告（又称财务报告，下同）。财务会计报告的目标是向财务会计报告使用者提供与企业财务状况、经营成果和现金流量等有关的会计信息，反映企业管理层受托责任履行情况，有助于财务会计报告使用者作出经济决策。

财务会计报告使用者包括投资者、债权人、政府及其有关部门和社会公众等。

第五条　企业应当对其本身发生的交易或者事项进行会计确认、计量和报告。

第六条　企业会计确认、计量和报告应当以持续经营为前提。

第七条　企业应当划分会计期间，分期结算账目和编制财务会计报告。

会计期间分为年度和中期。中期是指短于一个完整的会计年度的报告期间。

第八条　企业会计应当以货币计量。

第九条　企业应当以权责发生制为基础进行会计确认、计量和报告。

第十条　企业应当按照交易或者事项的经济特征确定会计要素。会计要素包括资产、负债、所有者权益、收入、费用和利润。

第十一条　企业应当采用借贷记账法记账。

第二章　会计信息质量要求

第十二条　企业应当以实际发生的交易或者事项为依据进行会计确认、计量和报告，如实反映符合确认和计量要求的各项会计要素及其他相关信息，保证会计信息真实可靠、内容完整。

第十三条　企业提供的会计信息应当与财务会计报告使用者的经济决策需要相关，有助于财务会计报告使用者对企业过去、现在或者未来的情况作出评价或者预测。

第十四条　企业提供的会计信息应当清晰明了，便于财务会计报告使用者理解和使用。

第十五条　企业提供的会计信息应当具有可比性。

同一企业不同时期发生的相同或者相似的交易或者事项，应当采用一致的会计政策，不得随意变更。确需变更的，应当在附注中说明。

不同企业发生的相同或者相似的交易或者事项，应当采用规定的会计政策，确保会计信息口径一致、相互可比，

第十六条　企业应当按照交易或者事项的经济实质进行会计确认、计量和报告，不应仅以交易或者事项的法律形式为依据。

第十七条　企业提供的会计信息应当反映与企业财务状况、经营成果和现金流量等有关的所有重要交易或者事项。

第十八条　企业对交易或者事项进行会计确认、计量和报告应当保持应有的谨慎，不应高估资产或者收益、低估负债或者费用。

第十九条　企业对于已经发生的交易或者事项，应当及时进行会计确认、计量和报告，不得提前或者延后。

第三章　资　　产

第二十条　资产是指企业过去的交易或者事项形成的、由企业拥有或者控制的、预期会给企业带来经济利益的资源。

前款所指的企业过去的交易或者事项包括购买、生产、建造行为或其他交易或者事项。预期在未来发生的交易或者事项不形成资产。

由企业拥有或者控制，是指企业享有某项资源的所有权，或者虽然不享有某项资源的所有权，但该资源能被企业所控制。

预期会给企业带来经济利益，是指直接或者间接导致现金和现金等价物流入企业的潜力。

第二十一条　符合本准则第二十条规定的资产定义的资源，在同时满足以下条件时，确认为资产：

（一）与该资源有关的经济利益很可能流入企业；

（二）该资源的成本或者价值能够可靠地计量。

第二十二条　符合资产定义和资产确认条件的项目，应当列入资产负债表；符

合资产定义、但不符合资产确认条件的项目，不应当列入资产负债表。

第四章　负　　债

第二十三条　负债是指企业过去的交易或者事项形成的、预期会导致经济利益流出企业的现时义务。

现时义务是指企业在现行条件下已承担的义务。未来发生的交易或者事项形成的义务，不属于现时义务，不应当确认为负债。

第二十四条　符合本准则第二十三条规定的负债定义的义务，在同时满足以下条件时，确认为负债：

（一）与该义务有关的经济利益很可能流出企业；

（二）未来流出的经济利益的金额能够可靠地计量。

第二十五条　符合负债定义和负债确认条件的项目，应当列入资产负债表；符合负债定义，但不符合负债确认条件的项目，不应当列入资产负债表。

第五章　所有者权益

第二十六条　所有者权益是指企业资产扣除负债后由所有者享有的剩余权益。

公司的所有者权益又称为股东权益。

第二十七条　所有者权益的来源包括所有者投入的资本、直接计入所有者权益的利得和损失、留存收益等。

直接计入所有者权益的利得和损失，是指不应计入当期损益、会导致所有者权益发生增减变动的、与所有者投入资本或者向所有者分配利润无关的利得或者损失。

利得是指由企业非日常活动所形成的、会导致所有者权益增加的、与所有者投入资本无关的经济利益的流入。

损失是指由企业非日常活动所发生的、会导致所有者权益减少的、与向所有者分配利润无关的经济利益的流出。

第二十八条　所有者权益金额取决于资产和负债的计量。

第二十九条　所有者权益项目应当列入资产负债表。

第六章　收　　入

第三十条　收入是指企业在日常活动中形成的、会导致所有者权益增加的、与所有者投入资本无关的经济利益的总流入。

第三十一条　收入只有在经济利益很可能流入从而导致企业资产增加或者负债减少、且经济利益的流入额能够可靠计量时才能予以确认。

第三十二条　符合收入定义和收入确认条件的项目，应当列入利润表。

第七章　费　用

第三十三条　费用是指企业在日常活动中发生的、会导致所有者权益减少的、与向所有者分配利润无关的经济利益的总流出。

第三十四条　费用只有在经济利益很可能流出从而导致企业资产减少或者负债增加、且经济利益的流出额能够可靠计量时才能予以确认。

第三十五条　企业为生产产品、提供劳务等发生的可归属于产品成本、劳务成本等的费用，应当在确认产品销售收入、劳务收入等时，将已销售产品、已提供劳务的成本等计入当期损益。

企业发生的支出不产生经济利益的，或者即使能够产生经济利益但不符合或者不再符合资产确认条件的，应当在发生时确认为费用，计入当期损益。

企业发生的交易或者事项导致其承担了一项负债而又不确认为一项资产的，应当在发生时确认为费用，计入当期损益。

第三十六条　符合费用定义和费用确认条件的项目，应当列入利润表。

第八章　利　润

第三十七条　利润是指企业在一定会计期间的经营成果，利润包括收入减去费用后的净额、直接计入当期利润的利得和损失等。

第三十八条　直接计入当期利润的利得和损失，是指应当计入当期损益、会导致所有者权益发生增减变动的、与所有者投入资本或者向所有者分配利润无关的利得或者损失。

第三十九条　利润金额取决于收入和费用、直接计入当期利润的利得和损失金额的计量。

第四十条　利润项目应当列入利润表。

第九章　会计计量

第四十一条　企业在将符合确认条件的会计要素登记入账并列报于会计报表及其附注（又称财务报表，下同）时，应当按照规定的会计计量属性进行计量，确定其金额。

第四十二条　会计计量属性主要包括：

（一）历史成本。在历史成本计量下，资产按照购置时支付的现金或者现金等价物的金额，或者按照购置资产时所付出的对价的公允价值计量。负债按照因承担现时义务而实际收到的款项或者资产的金额，或者承担现时义务的合同金额，或者按照日常活动中为偿还负债预期需要支付的现金或者现金等价物的金额计量。

（二）重置成本。在重置成本计量下，资产按照现在购买相同或者相似资产所需支付的现金或者现金等价物的金额计量。负债按照现在偿付该项债务所需支付的现金或者现金等价物的金额计量。

（三）可变现净值。在可变现净值计量下，资产按照其正常对外销售所能收到现金或者现金等价物的金额扣减该资产至完工时估计将要发生的成本、估计的销售费用以及相关税费后的金额计量。

（四）现值。在现值计量下，资产按照预计从其持续使用和最终处置中所产生的未来净现金流入量的折现金额计量。负债按照预计期限内需要偿还的未来净现金流出量的折现金额计量。

（五）公允价值。在公允价值计量下，资产和负债按照在公平交易中，熟悉情况的交易双方自愿进行资产交换或者债务清偿的金额计量。

第四十三条 企业在对会计要素进行计量时，一般应当采用历史成本，采用重置成本、可变现净值、现值、公允价值计量的，应当保证所确定的会计要素金额能够取得并可靠计量。

第十章 财务会计报告

第四十四条 财务会计报告是指企业对外提供的反映企业某一特定日期的财务状况和某一会计期间的经营成果、现金流量等会计信息的文件。

财务会计报告包括会计报表及其附注和其他应当在财务会计报告中披露的相关信息和资料。会计报表至少应当包括资产负债表、利润表、现金流量表等报表。

小企业编制的会计报表可以不包括现金流量表。

第四十五条 资产负债表是指反映企业在某一特定日期的财务状况的会计报表。

第四十六条 利润表是指反映企业在一定会计期间的经营成果的会计报表。

第四十七条 现金流量表是指反映企业在一定会计期间的现金和现金等价物流入和流出的会计报表。

第四十八条 附注是指对在会计报表中列示项目所作的进一步说明，以及对未能在这些报表中列示项目的说明等。

第十一章 附 则

第四十九条 本准则由财政部负责解释。

第五十条 本准则自 2007 年 1 月 1 起施行。

附录三：会计基础工作规范

会计基础工作规范

财会字［1996］20号

第一章 总 则

第一条 为了加强会计基础工作，建立规范的会计工作秩序，提高会计工作水平，根据《中华人民共和国会计法》的有关规定，制定本规范。

第二条 国家机关、社会团体、企业、事业单位、个体工商户和其他组织的会计基础工作，应当符合本规范的规定。

第三条 各单位应当依据有关法律、法规和本规范的规定，加强会计基础工作，严格执行会计法规制度，保证会计工作依法有序地进行。

第四条 单位领导人对本单位的会计基础工作负有领导责任。

第五条 各省，自治区、直辖市财政厅（局）要加强对会计基础工作的管理和指导，通过政策引导、经验交流、监督检查等措施，促进基层单位加强会计基础工作，不断提高会计工作水平。

国务院各业务主管部门根据职责权限管理本部门的会计基础工作。

第二章 会计机构和会计人员

第一节 会计机构设置和会计人员配备

第六条 各单位应当根据会计业务的需要设置会计机构；不具备单独设置会计机构条件的，应当在有关机构中配人员。

事业行政单位会计机构的设置和会计人员的配备，应当符合国家统一事业行政单位会计制度的规定。

设置会计机构，应当配备会计机构负责人；在有关机构中配备专职会计人员，应当在专职会计人员中指定会计主管人员。

会计机构负责人、会计主管人员的任免，应当符合《中华人民共和国会计法》和有关法律的规定。

第七条 会计机构负责人、会计主管人员应当具备下列基本条件：

（一）坚持原则，廉洁奉公；

（二）具有会计专业技术资格；

（三）主管一个单位或者单位内一个重要方面的财务会计工作时间不少于两年；

（四）熟悉国家财经法律、法规、规章和方针、政策，掌握本行业业务管理的有关知识；

（五）有较强的组织能力；

（六）身体状况能够适应本职工作的要求。

第八条 没有设置会计机构和配备会计人员的单位，应当根据《代理记账管理暂行办法》委托会计师事务所或者持有代理记账许可证书的其他代理记账机构进行代理记账。

第九条 大、中型企业、事业单位、业务主管部门应当根据法律和国家有关规定设置总会计师。

总会计师由具有会计师以上专业技术资格的人员担任。

总会计师行使《总会计师条例》规定的职责、权限。

总会计师的任命（聘任）、免职（解聘）依照《总会计师条例》和有关法律的规定办理。

第十条 各单位应当根据会计业务需要配备持有会计证的会计人员。未取得会计证的人员，不得从事会计工作。

第十一条 各单位应当根据会计业务需要设置会计工作岗位。

会计工作岗位一般可分为：会计机构负责人或者会计主管人员，出纳，财产物资核算，工资核算，成本费用核算；财务成果核算，资金核算，往来结算，总账报表，稽核，档案管理等。开展会计电算化和管理会计的单位，可以根据需要设置相应工作岗位，也可以与其他工作岗位相结合。

第十二条 会计工作岗位，可以一人一岗、一人多岗或者一岗多人。但出纳人员不得兼管审核、会计档案保管和收入、费用、债权债务账目的登记工作。

第十三条 会计人员的工作岗位应当有计划地进行轮换。

第十四条 会计人员应当具备必要的专业知识和专业技能，熟悉国家有关法律、法规，规章和国家统一会计制度，遵守职业道德。

会计人员应当按照国家有关规定参加会计业务的培训。各单位应当合理安排会计人员的培训，保证会计人员每年有一定时间用于学习和参加培训。

第十五条 各单位领导人应当支持会计机构、会计人员依法行使职权；对忠于职守，坚持原则，做出显著成绩的会计机构、会计人员，应当给予精神的和物质的奖励。

第十六条 国家机关、国有企业、事业单位任用会计人员应当实行回避制度。

单位领导人的直系亲属不得担任本单位的会计机构负责人、会计主管人员。会计机构负责人，会计主管人员的直系亲属不得在本单位会计机构中担任出纳工作。

需要回避的直系亲属为：夫妻关系、直系血亲关系、三代以内旁系血亲以及配偶亲关系。

第二节　会计人员职业道德

第十七条　会计人员在会计工作中应当遵守职业道德，树立良好的职业品质、严谨的工作作风，严守工作纪律，努力提高工作效率和工作质量。

第十八条　会计人员应当热爱本职工作，努力钻研业务，使自己的知识和技能适应所从事工作的要求。

第十九条　会计人员应当熟悉财经法律、法规、规章和国家统一会计制度，并结合会计工作进行广泛宣传。

第二十条　会计人员应当按照会计法律、法规和国家统一会计制度规定的程序和要求进行会计工作，保证所提供的会计信息合法、真实、准确、及时、完整。

第二十一条　会计人员办理会计事务应当实事求是、客观公正。

第二十二条　会计人员应当熟悉本单位的生产经营和业务管理情况，运用掌握的会计信息和会计方法，为改善单位内部管理、提高经济效益服务。

第二十三条　会计人员应当保守本单位的商业秘密。除法律规定和单位领导人同意外，不能私自向外界提供或者泄露单位的会计信息。

第二十四条　财政部门、业务主管部门和各单位应当定期检查会计人员遵守职业道德的情况，并作为会计人员晋升、晋级、聘任专业职务、表彰奖励的重要考核依据。

会计人员违反职业道德的，由所在单位进行处罚；情节严重的，由会计证发证机关吊销其会计证。

第三节　会计工作交接

第二十五条　会计人员工作调动或者因故离职，必须将本人所经管的会计工作全部移交给接替人员。没有办清交接手续的，不得调动或者离职。

第二十六条　接替人员应当认真接管移交工作，并继续办理移交的未了事项。

第二十七条　会计人员办理移交手续前，必须及时做好以下工作：

（一）已经受理的经济业务尚未填制会计凭证的，应当填制完毕。

（二）尚未登记的账目，应当登记完毕，并在最后一笔余额后加盖经办人员印章。

（三）整理应该移交的各项资料，对未了事项写出书面材料。

（四）编制移交清册，列明应当移交的会计凭证、会计账簿、会计报表、印章、现金、有价证券、支票簿、发票、文件、其他会计资料和物品等内容；实行会计电算化的单位，从事该项工作的移交人员还应当在移交清册中列明会计软件及密码、会计软件数据磁盘（磁带等）及有关资料、实物等内容。

第二十八条 会计人员办理交接手续，必须有监交人负责监交。一般会计人员交接，由单位会计机构负责人、会计主管人员负责监交；会计机构负责人、会计主管人员交接，由单位领导人负责监交，必要时可由上级主管部门派人会同监交。

第二十九条 移交人员在办理移交时，要按移交清册逐项移交；接替人员要逐项核对点收。

（一）现金、有价证券要根据会计账簿有关记录进行点交。库存现金、有价证券必须与会计账簿记录保持一致。不一致时，移交人员必须限期查清。

（二）会计凭证、会计账簿、会计报表和其他会计资料必须完整无缺。如有短缺，必须查清原因，并在移交清册中注明，由移交人员负责。

（三）银行存款账户余额要与银行对账单核对，如不一致，应当编制银行存款余额调节表调节相符，各种财产物资和债权债务的明细账户余额要与总账有关账户余额核对相符；必要时，要抽查个别账户的余额，与实物核对相符，或者与往来单位、个人核对清楚。

（四）移交人员经管的票据、印章和其他实物等，必须交接清楚；移交人员从事会计电算化工作的，要对有关电子数据在实际操作状态下进行交接。

第三十条 会计机构负责人、会计主管人员移交时，还必须将全部财务会计工作、重大财务收支和会计人员的情况等，向接替人员详细介绍。对需要移交的遗留问题，应当写出书面材料。

第三十一条 交接完毕后，交接双方和监交人员要在移交注册上签名或者盖章，并应在移交注册上注明：单位名称，交接日期，交接双方和监交人员的职务、姓名，移交清册页数以及需要说明的问题和意见等。

移交清册一般应当填制一式三份，交接双方各执一份，存档一份。

第三十二条 接替人员应当继续使用移交的会计账簿，不得自行另立新账，以保持会计记录的连续性。

第三十三条 会计人员临时离职或者因病不能工作且需要接替或者代理的，会计机构负责人、会计主管人员或者单位领导人必须指定有关人员接替或者代理，并办理交接手续。

临时离职或者因病不能工作的会计人员恢复工作的，应当与接替或者代理人员办理交接手续。

移交人员因病或者其他特殊原因不能亲自办理移交的，经单位领导人批准，可由移交人员委托他人代办移交，但委托人应当承担本规范第三十五条规定的责任。

第三十四条 单位撤销时，必须留有必要的会计人员，会同有关人员办理清理工作，编制决算。未移交前，不得离职。接收单位和移交日期由主管部门确定。单位合并、分立的，其会计工作交接手续比照上述有关规定办理。

第三十五条　移交人员对所移交的会计凭证、会计账簿、会计报表和其他有关资料的合法性、真实性承担法律责任。

第三章　会计核算

第一节　会计核算一般要求

第三十六条　各单位应当按照《中华人民共和国会计法》和国家统一会计制度的规定建立会计账册，进行会计核算，及时提供合法、真实、准确、完整的会计信息。

第三十七条　各单位发生的下列事项，应当及时办理会计手续、进行会计核算：

（一）款项和有价证券的收付；

（二）财物的收发、增减和使用；

（三）债权债务的发生和结算；

（四）资本、基金的增减；

（五）收入、支出、费用、成本的计算；

（六）财务成果的计算和处理；

（七）其他需要办理会计手续、进行会计核算的事项。

第三十八条　各单位的会计核算应当以实际发生的经济业务为依据，按照规定的会计处理方法进行，保证会计指标的口径一致、相互可比和会计处理方法的前后各期相一致。

第三十九条　会计年度自公历 1 月 1 日起至 12 月 31 日止。

第四十条　会计核算以人民币为记账本位币。

收支业务以外国货币为主的单位，也可以选定某种外国货币作为记账本位币，但是编制的会计报表应当折算为人民币反映。

境外单位向国内有关部门编报的会计报表，应当折算为人民币反映。

第四十一条　各单位根据国家统一会计制度的要求，在不影响会计核算要求、会计报表指标汇总和对外统一会计报表的前提下，可以根据实际情况自行设置和使用会计科目。

事业行政单位会计科目的设置和使用，应当符合国家统一事业行政单位会计制度的规定。

第四十二条　会计凭证、会计账簿、会计报表和其他会计资料的内容和要求必须符合国家统一会计制度的规定，不得伪造、变造会计凭证和会计账簿，不得设置账外账，不得报送虚假会计报表。

第四十三条 各单位对外报送的会计报表格式由财政部统一规定。

第四十四条 实行会计电算化的单位，对使用的会计软件及其生成的会计凭证、会计账簿。会计报表和其他会计资料的要求，应当符合财政部关于会计电算化的有关规定。

第四十五条 各单位的会计凭证、会计账簿、会计报表和其他会计资料，应当建立档案，妥善保管。会计档案建档要求、保管期限、销毁办法等依据《会计档案管理办法》的规定进行。

实行会计电算化的单位，有关电子数据、会计软件资料等应当作为会计档案进行管理。

第四十六条 会计记录的文字应当使用中文，少数民族自治地区可以同时使用少数民族文字。

中国境内的外商投资企业、外国企业和其他外国经济组织也可以同时使用某种外国文字。

第二节 填制会计凭证

第四十七条 各单位办理本规范第三十七条规定的事项，必须取得或者填制原始凭证，并及时送交会计机构。

第四十八条 原始凭证的基本要求是：

（一）原始凭证的内容必须具备：凭证的名称；填制凭证的日期；填制凭证单位名称或者填制人姓名；经办人员的签名或者盖章；接受凭证单位名称；经济业务内容；数量、单价和金额。

（二）从外单位取得的原始凭证，必须盖有填制单位的公章；从个人取得的原始凭证，必须有填制人员的签名或者盖章。自制原始凭证必须有经办单位领导人或者其指定的人员签名或者盖章。对外开出的原始凭证，必须加盖本单位公章。

（三）凡填有大写和小写金额的原始凭证，大写与小写金额必须相符。购买实物的原始凭证，必须有验收证明。支付款项的原始凭证，必须有收款单位和收款人的收款证明。

（四）一式几联的原始凭证，应当注明各联的用途，只能以一联作为报销凭证。一式几联的发票和收据，必须用双面复写纸（发票和收据本身具备复写纸功能的除外）套写，并连续编号。作废时应当加盖“作废”戳记，连同存根一起保存，不得撕毁。

（五）发生销货退回的，除填制退货发票外，还必须有退货验收证明；退款时，必须取得对方的收款收据或者汇款银行的凭证，不得以退货发票代替收据。

（六）职工公出借款凭据，必须附在记账凭证之后。收回借款时，应当另开收据或者退还借据副本，不得退还原借款收据。

（七）经上级有关部门批准的经济业务，应当将批准文件作为原始凭证附件：如果批准文件需要单独归档的，应当在凭证上注明批准机关名称、日期和文件字号。

第四十九条 原始凭证不得涂改、挖补。发现原始凭证有错误的，应当由开出单位重开或者更正，更正处应当加盖开出单位的公章。

第五十条 会计机构、会计人员要根据审核无误的原始凭证填制记账凭证。记账凭证可以分为收款凭证、付款凭证和转账凭证，也可以使用通用记账凭证。

第五十一条 记账凭证的基本要求是：

（一）记账凭证的内容必须具备：填制凭证的日期；凭证编号；经济业务摘要；会计科目；金额；所附原始凭证张数；填制凭证人员、稽核人员、记账人员、会计机构负责人、会计主管人员签名或者盖章。收款和付款记账凭证还应当由出纳人员签名或者盖章。

以自制的原始凭证或者原始凭证汇总表代替记账凭证的，也必须具备记账凭证应有的项目。

（二）填制记账凭证时，应当对记账凭证进行连续编号。一笔经济业务需要填制两张以上记账凭证的，可以采用分数编号法编号。

（三）记账凭证可以根据每一张原始凭证填制，或者根据若干张同类原始凭证汇总填制，也可以根据原始凭证汇总表填制。但不得将不同内容和类别的原始凭证汇总填制在一张记账凭证上。

（四）除结账和更正错误的记账凭证可以不附原始凭证外，其他记账凭证必须附有原始凭证。如果一张原始凭证涉及几张记账凭证，可以把原始凭证附在一张主要的记账凭证后面，并在其他记账凭证上注明附有该原始凭证的记账凭证的编号或者附原始凭证复印机。

一张复始凭证所列支出需要几个单位共同负担的，应当将其他单位负担的部分，开给对方原始凭证分割单，进行结算。原始凭证分割单必须具备原始凭证的基本内容：凭证名称、填制凭证日期、填制凭证单位名称或者填制人姓名、经办人的签名或者盖章、接受凭证单位名称、经济业务内容、数量、单价、金额和费用分摊情况等。

（五）如果在填制记账凭证时发生错误，应当重新填制。

已经登记入账的记账凭证，在当年内发现填写错误时，可以用红字填写一张与原内容相同的记账凭证，在摘要栏注明“注销某月某日某号凭证”字样，同时再用蓝字重新填制一张正确的记账凭证，注明“订正某月某日某号凭证”字样。如果会计科目没有错误，只是金额错误，也可以将正确数字与错误数字之间的差额，另编一张调整的记账凭证，调增金额用蓝字，调减金额用红字。发现以前年度记账凭证有错误的，应当用蓝字填制一张更正的记账凭证。

（六）记账凭证填制完经济业务事项后，如有空行，应当自金额栏最后一笔金额数字下的空行处至合计数上的空行处划线注销。

第五十二条 填制会计凭证，字迹必须清晰、工整，并符合下列要求：

（一）阿拉伯数字应当一个一个地写，不得连笔写。阿拉伯金额数字前面应当书写货币币种符号或者货币名称简写和币种符号。币种符号与阿拉伯金额数字之间不得留有空白。凡阿拉伯数字前写有币种符号的，数字后面不再写货币单位。

（二）所有以元为单位（其他货币种类为货币基本单位，下同）的阿拉伯数字，除表示单价等情况外，一律填写到角分；元角分的，角位和分位可写“00”，或者符号“—”；有角无分的，分位应当写“0”，不得用符号“—”代替。

（三）汉字大写数字金额如零、壹、贰、叁、肆、伍、陆、柒、捌、玖、拾、佰、仟、万、亿等，一律用正楷或者行书体书写，不得用0、一、二、三、四、五、六、七、八、九、十等简化字代替，不得任意自造简化字。大写金额数字到元或者角为止的，在“元”或者“角”字之后应当写“整”字或者“正”字；大写金额数字有分的，分字后面不写“整”或者“正”字。

（四）大写金额数字前未印有货币名称的，应当加填货币名称，货币名称与金额数字之间不得留有空白。

（五）阿拉伯金额数字中间有“0”时，汉字大写金额要写“零”字；阿拉伯数字金额中间连续有几个“0”时，汉字大写金额中可以只写一个“零”字；阿拉伯金额数字元位是“0”，或者数字中间连续有几个“0”、元位也是“0”但角位不是“0”时，汉字大写金额可以只写一个“零”字，也可以不写“零”字。

第五十三条 实行会计电算化的单位，对于机制记账凭证，要认真审核，做到会计科目使用正确，数字准确无误。打印出的机制记账凭证要加盖制单人员、审核人员、记账人员及会计机构负责人、会计主管人员印章或者签字。

第五十四条 各单位会计凭证的传递程序应当科学、合理，具体办法由各单位根据会计业务需要自行规定。

第五十五条 会计机构、会计人员要妥善保管会计凭证。

（一）会计凭证应当及时传递，不得积压。

（二）会计凭证登记完毕后，应当按照分类和编号顺序保管，不得散乱丢失。

（三）记账凭证应当连同所附的原始凭证或者原始凭证汇总表，按照编号顺序，折叠整齐，按期装订成册，并加具封面，注明单位名称、年度、月份和起讫日期、凭证种类、起讫号码，由装订人在装订线封签外签名或者盖章。

对于数量过多的原始凭证，可以单独装订保管，在封面上注明记账凭证日期、编号、种类，同时在记账凭证上注明“附件另订”和原始凭证名称及编号。

各种经济合同、存出保证金收据以及涉外文件等重要原始凭证，应当另编目录，单独登记保管，并在有关的记账凭证和原始凭证上相互注明日期和编号。

（四）原始凭证不得外借，其他单位如因特殊原因需要使用原始凭证时，经本单位会计机构负责人、会计主管人员批准，可以复制。向外单位提供的原始凭证复制件，应当在专设的登记簿上登记，并由提供人员和收取人员共同签名或者盖章。

（五）从外单位取得的原始凭证如有遗失，应当取得原开出单位盖有公章的证明，并注明原来凭证的号码、金额和内容等，由经办单位会计机构负责人、会计主管人员和单位领导人批准后，才能代作原始凭证。如果确实无法取得证明的，如火车、轮船、飞机票等凭证，由当事人写出详细情况，由经办单位会计机构负责人、会计主管人员和单位领导人批准后，代作原始凭证。

第三节　登记会计账簿

第五十六条　各单位应当按照国家统一会计制度的规定和会计业务的需要设置会计账簿。会计账簿包括总账、明细账、日记账和其他辅助性账簿。

第五十七条　现金日记账和银行存款日记账必须采用订本式账簿。不得用银行对账单或者其他方法代替日记账。

第五十八条　实行会计电算化的单位，用计算机打印的会计账簿必须连续编号，经审核无误后装订成册，并由记账人员和会计机构负责人、会计主管人员签字或者盖章。

第五十九条　启用会计账簿时，应当在账簿封面上写明单位名称和账簿名称。在账簿扉页上应当附启用表，内容包括：启用日期、账簿页数、记账人员和会计机构负责人、会计主管人员姓名，并加盖名章和单位公章。记账人员或者会计机构负责人、会计主管人员调动工作时，应当注明交接日期、接办人员或者监交人员姓名，并由交接双方人员签名或者盖章。

启用订本式账簿，应当从第一页到最后一页顺序编定页数，不得跳页、缺号。使用活页式账页，应当按账户顺序编号，并须定期装订成册。装订后再接实际使用的账页顺序编定页码。另加目录，记明每个账户的名称和页次。

第六十条　会计人员应当根据审核无误的会计凭证登记会计账簿。登记账簿的基本要求是：

（一）登记会计账簿时，应当将会计凭证日期、编号、业务内容摘要、金额和其他有关资料逐项记入账内；做到数字准确、摘要清楚、登记及时、字迹工整。

（二）登记完毕后，要在记账凭证上签名或者盖章，并注明已经登账的符号，表示已经记账。

（三）账簿中书写的文字和数字上面要留有适当空格，不要写满格；一般应占格距的二分之一。

（四）登记账簿要用蓝黑墨水或者碳素墨水书写，不得使用圆珠笔（银行的复写账簿除外）或者铅笔书写。

（五）下列情况，可以用红色墨水记账：

1. 按照红字冲账的记账凭证，冲销错误记录；

2. 在不设借贷等栏的多栏式账页中，登记减少数；

3. 在三栏式账户的余额栏前，如未印明余额方面的，在余额栏内登记负数余额；

4. 根据国家统一会计制度的规定可以用红字登记的其他会计记录。

（六）各种账簿按页次顺序连续登记，不得跳行、隔页。如果发生跳行、隔页，应当将空行、空页划线注销，或者注明“此行空白”、“此页空白”字样，并由记账人员签名或者盖章。

（七）凡需要结出余额的账户，结出余额后。应当在“借或贷”等栏内写明“借”或者“贷”等字样。没有余额的账户，应当在“借或贷”等栏内写“平”字，并在余额栏内用“0”表示。

现金日记账和银行存款日记账必须逐日结出余额。

（八）每一账页登记完毕结转下页时，应当结出本页合计数及余额，写在本页最后一行和下页第一行有关栏内，并在摘要栏内注明“过次页”和“承前页”字样；也可以将本页合计数及金额只写在下页第一行有关栏内，并在摘要栏内注明“承前页”字样。

对需要结计本月发生额的账户，结计“过次页”的本页合计数应当为自本月初起至本页末止的发生额合计数；对需要结计本年累计发生额的账户，结计“过次页”的本页合计数应当为自年初起至本页末止的累计数；对既不需要结计本月发生额也不需要结计本年累计发生额的账户，可以只将每页末的余额结转次页。

第六十一条 实行会计电算化的单位，总账和明细账应当定期打印。

发生收款和付款业务的，在输入收款凭证和付款凭证的当天必须打印出现金日记账和银行存款日记账，并与库存现金核对无误。

第六十二条 账簿记录发生错误，不准涂改、挖补、刮擦或者用药水消除字迹，不准重新抄写，必须按照下列方法进行更正：

（一）登记账簿时发生错误，应当将错误的文字或者数字划红线注销，但必须使原有字迹仍可辨认；然后在划线上方填写正确的文字或者数字，并由记账人员在更正处盖章。对于错误的数字，应当全部划红线更正，不得只更正其中的错误数字。对于文字错误，可只划去错误的部分。

（二）由于记账凭证错误而使账簿记录发生错误，应当按更正的记账凭证登记账簿。

第六十三条 各单位应当定期对会计账簿记录的有关数字与库存实物、货币资金、有价证券、往来单位或者个人等进行相互核对，保证账证相符、账账相符、账实相符。对账工作每年至少进行一次。

（一）账证核对。核对会计账簿记录与原始凭证、记账凭证的时间、凭证字号、内容、金额是否一致，记账方向是否相符。

（二）账账核对。核对不同会计账簿之间的账簿记录是否相符，包括：总账有关账户的余额核对，总账与明细账核对，总账与日记账核对，会计部门的财产物资明细账与财产物资保管和使用部门的有关明细账核对等。

（三）账实核对。核对会计账簿记录与财产等实有数额是否相符。包括：现金日记账账面余额与现金实际库存数相核对；银行存款日记账账面余额定期与银行对账单相核对；各种财物明细账账面余额与财物实存数额相核对；各种应收、应付款明细账账面余额与有关债务、债权单位或者个人核对等。

第六十四条　各单位应当按照规定定期结账。

（一）结账前，必须将本期内所发生的各项经济业务全部登记入账。

（二）结账时，应当结出每个账户的期末余额。需要结出当月发生额的，应当在摘要栏内注明“本月合计”字样，并在下面通栏划单红线。需要结出本年累计发生额的，应当在摘要栏内注明“本年累计”字样，并在下面通栏划单红线；12 月末的“本年累计”就是全年累计发生额。全年累计发生额下面应当通栏划双红线。年度终了结账时，所有总账账户都应当结出全年发生额和年末余额。

（三）年度终了，要把各账户的余额结转到下一会计年度，并在摘要栏注明“结转下年”字样；在下一会计年度新建有关会计账簿的第一行余额栏内填写上年结转的余额，并在摘要栏注明“上年结转”字样。

第四节　编制财务报告

第六十五条　各单位必须按照国家统一会计制度的规定，定期编制财务报告。

财务报告包括会计报表及其说明。会计报表包括会计报表主表、会计报表附表、会计报表附注。

第六十六条　各单位对外报送的财务报告应当根据国家统一会计制度规定的格式和要求编制。单位内部使用的财务报告，其格式和要求由各单位自行规定。

第六十七条　会计报表应当根据登记完整、核对无误的会计账簿记录和其他有关资料编制，做到数字真实、计算准确、内容完整、说明清楚。

任何人不得篡改或者授意、指使、强令他人篡改会计报表的有关数字。

第六十八条　会计报表之间、会计报表各项目之间，凡有对应关系的数字，应当相互一致。本期会计报表与上期会计报表之间有关的数字应当相互衔接。如果不同会计年度会计报表中各项目的内容和核算方法有变更的，应当在年度会计报表中加以说明。

第六十九条 各单位应当按照国家统一会计制度的规定认真编写会计报表附注及其说明，做到项目齐全，内容完整。

第七十条 各单位应当按照国家规定的期限对外报送财务报告。对外报送的财务报告，应当依次编定页码，加具封面，装订成册，加盖公章。封面上应当注明：单位名称，单位地址，财务报告所属年度、季度、月度，送出日期，并由单位领导人、总会计师、会计机构负责人、会计主管人员签名或者盖章。

单位领导人对财务报告的合法性、真实性负法律责任。

第七十一条 根据法律和国家有关规定应当对财务报告进行审计的，财务报告编制单位应当先行委托注册会计师进行审计，并将注册会计师出具的审计报告随同财务报告按照规定的期限报送有关部门。

第七十二条 如果发现对外报送的财务报告有错误，应当及时办理更正手续。除更正本单位留存的财务报告外，并应同时通知接受财务报告的单位更正。错误较多的，应当重新编报。

第四章 会计监督

第七十三条 各单位的会计机构、会计人员对本单位的经济活动进行会计监督。

第七十四条 会计机构、会计人员进行会计监督的依据是：

（一）财经法律、法规、规章；

（二）会计法律、法规和国家统一会计制度；

（三）各省、自治区、直辖市财政厅（局）和国务院业务主管部门根据《中华人民共和国会计法》和国家统一会计制度制定的具体实施办法或者补充规定；

（四）各单位根据《中华人民共和国会计法》和国家统一会计制度制定的单位内部会计管理制度；

（五）各单位内部的预算、财务计划、经济计划、业务计划等。

第七十五条 会计机构、会计人员应当对原始凭证进行审核和监督。

对不真实、不合法的原始凭证，不予受理。对弄虚作假、严重违法的原始凭证，在不予受理的同时，应当予以扣留，并及时向单位领导人报告，请求查明原因，追究当事人的责任。

对记载不明确、不完整的原始凭证，予以退回，要求经办人员更正、补充。

第七十六条 会计机构、会计人员对伪造、变造、故意毁灭会计账簿或者账外设账行为，应当制止和纠正；制止和纠正无效的，应当向上级主管单位报告，请求作出处理。

第七十七条 会计机构、会计人员应当对实物、款项进行监督，督促建立并严格执行财产清查制度。发现账簿记录与实物、款项不符时，应当按照国家有关规定进行处理。超出会计机构、会计人员职权范围的，应当立即向本单位领导报告，请求查明原因，作出处理。

第七十八条　会计机构、会计人员对指使、强令编造、篡改财务报告行为，应当制止和纠正；制止和纠正无效的，应当向上级主管单位报告，请求处理。

第七十九条　会计机构、会计人员应当对财务收支进行监督。

（一）对审批手续不全的财务收支，应当退回，要求补充、更正。

（二）对违反规定不纳入单位统一会计核算的财务收支，应当制止和纠正。

（三）对违反国家统一的财政、财务、会计制度规定的财务收支，不予办理。

（四）对认为是违反国家统一的财政、财务、会计制度规定的财务收支，应当制止和纠正；制止和纠正无效的，应当向单位领导人提出书面意见请求处理。

单位领导人应当在接到书面意见起十日内作出书面决定，并对决定承担责任。

（五）对违反国家统一的财政、财务、会计制度规定的财务收支，不予制止和纠正，又不向单位领导人提出书面意见的；也应当承担责任。

（六）对严重违反国家利益和社会公众利益的财务收支，应当向主管单位或者财政、审计、税务机关报告。

第八十条　会计机构、会计人员对违反单位内部会计管理制度的经济活动，应当制止和纠正；制止和纠正无效的，向单位领导人报告，请求处理。

第八十一条　会计机构、会计人员应当对单位制定的预算、财务计划、经济计划、业务计划的执行情况进行监督。

第八十二条　各单位必须依照法律和国家有关规定接受财政、审计、税务等机关的监督，如实提供会计凭证、会计账簿、会计报表和其他会计资料以及有关情况、不得拒绝、隐匿、谎报。

第八十三条　按照法律规定应当委托注册会计师进行审计的单位，应当委托注册会计师进行审计，并配合注册会计师的工作，如实提供会计凭证、会计账簿、会计报表和其他会计资料以及有关情况，不得拒绝、隐匿、谎报；不得示意注册会计师出具不当的审计报告。

第五章　内部会计管理制度

第八十四条　各单位应当根据《中华人民共和国会计法》和国家统一会计制度的规定，结合单位类型和内容管理的需要，建立健全相应的内部会计管理制度。

第八十五条　各单位制定内部会计管理制度应当遵循下列原则：

（一）应当执行法律、法规和国家统一的财务会计制度。

（二）应当体现本单位的生产经营、业务管理的特点和要求。

（三）应当全面规范本单位的各项会计工作，建立健全会计基础，保证会计工作的有序进行。

（四）应当科学、合理，便于操作和执行。

（五）应当定期检查执行情况。

（六）应当根据管理需要和执行中的问题不断完善。

第八十六条 各单位应当建立内部会计管理体系。主要内容包括：单位领导人、总会计师对会计工作的领导职责；会计部门及其会计机构负责人、会计主管人员的职责、权限；会计部门与其他职能部门的关系；会计核算的组织形式等。

第八十七条 各单位应当建立会计人员岗位责任制度。主要内容包括：会计人员的工作岗位设置；各会计工作岗位的职责和标准；各会计工作岗位的人员和具体分工；会计工作岗位轮换办法；对各会计工作岗位的考核办法。

第八十八条 各单位应当建立账务处理程序制度。主要内容包括：会计科目及其明细科目的设置和使用；会计凭证的格式、审核要求和传递程序；会计核算方法；会计账簿的设置；编制会计报表的种类和要求；单位会计指标体系。

第八十九条 各单位应当建立内部牵制制度。主要内容包括：内部牵制制度的原则；组织分工；出纳岗位的职责和限制条件；有关岗位的职责和权限。

第九十条 各单位应当建立稽核制度。主要内容包括：稽核工作的组织形式和具体分工；稽核工作的职责、权限；审核会计凭证和复核会计账簿、会计报表的方法。

第九十一条 各单位应当建立原始记录管理制度。主要内容包括：原始记录的内容和填制方法；原始记录的格式；原始记录的审核；原始记录填制人的责任；原始记录签署；传递、汇集要求。

第九十二条 各单位应当建立定额管理制度。主要内容包括：定额管理的范围；制定和修订定额的依据、程序和方法；定额的执行；定额考核和奖惩办法等。

第九十三条 各单位应当建立计量验收制度。主要内容包括：计量检测手段和方法；计量验收管理的要求；计量验收人员的责任和奖惩办法。

第九十四条 各单位应当建立财产清查制度。主要内容包括：财产清查的范围；财产清查的组织；财产清查的期限和方法；对财产清查中发现问题的处理办法；对财产管理人员的奖惩办法。

第九十五条 各单位应当建立财务收支审批制度。主要内容包括：财务收支审批人员和审批权限；财务收支审批程序；财务收支审批人员的责任。

第九十六条 实行成本核算的单位应当建立成本核算制度。主要内容包括：成本核算的对象；成本核算的方法和程序；成本分析等。

第九十七条 各单位应当建立财务会计分析制度。主要内容包括：财务会计分析的主要内容；财务会计分析的基本要求和组织程序；财务会计分析的具体方法；

财务会计分析报告的编写要求等。

第六章 附 则

第九十八条 本规范所称国家统一会计制度，是指由财政部制定、或者财政部与国务院有关部门联合制定、或者经财政部审核批准的在全国范围内统一执行的会计规章、准则、办法等规范性文件。

本规范所称会计主管人员，是指不设置会计机构、只在其他机构中设置专职会计人员的单位行使会计机构负责人职权的人员。

本规范第三章第二节和第三节关于填制会计凭证、登记会计账簿的规定，除特别指出外，一般适用于手工记账。实行会计电算化的单位，填制会计凭证和登记会计账簿的有关要求，应当符合财政部关于会计电算化的有关规定。

第九十九条 各省、自治区、直辖市财政厅（局）、国务院各业务主管部门可以根据本规范的原则，结合本地区、本部门的具体情况，制定具体实施办法，报财政部备案。

第一百条 本规范由财政部负责解释、修改。

第一百零一条 本规范自公布之日起实施。1984 年 4 月 24 日财政部发布的《会计人员工作规则》同时废止。

参考文献

［1］中华人民共和国财政部制定．企业会计准则——应用指南．北京：中国财政经济出版社，2006.

［2］财政部会计司编写组．企业会计准则讲解．北京：人民出版社，2007.

［3］会计从业资格考试培训教材编写组．会计基础．北京：经济科学出版社，2007.

［4］陈兴滨．会计原理（第二版）．北京：高等教育出版社，2004.

［5］周小芬．基础会计．北京：清华大学出版社，2007.

［6］周小芬．基础会计学习指导与模拟实训．北京：清华大学出版社，2007.

［7］付丽，李琳．新编基础会计学．北京：清华大学出版社，2008.

［8］王艳茹．会计学原理．北京：清华大学出版社，2008.

［9］曲洪山，禹阿平．新编基础会计．大连：大连理工大学出版社，2008.

［10］崔喜元，杨靖．财务会计．北京：北京邮电大学出版社，2008.

［11］刘光辉，李红梅．会计学原理实训教程．北京：清华大学出版社，2008.

［12］李惟庄．基础会计．北京：中国财政经济出版社，2007.

［13］张志凤．初级会计实务．北京：北京大学出版社，2008.

［14］李宗民．基础会计学．北京：清华大学出版社，2007.

［15］中国开放式共享资源网，http://www.core.org.cn.

［16］中国财政部，http://www.mof.gov.cn.

［17］中国注册会计师协会，http://www.cicpa.org.cn.

［18］中华会计网校，http://www.chinaacc.com.